Hanns Ullstein jun.

# Natürliche Pferdehaltung

Müller Rüschlikon

Einbandgestaltung: Anita Ament

Titelbild: Sorrel



ISBN 3-275-01209-6-X



1. Auflage 1996



Lektorat: Carola Nowak
Herstellung: Hermann Lambrecht
Satz: FIBO Lichtsatz GmbH, D-80337 München
Druck: Maisch & Queck, D-70839 Gerlingen
Bindung: Karl Dieringer, D-70839 Gerlingen
Printed in Germany

# Der Autor

Hanns Ullstein jun. hat jahrzehntelange Erfahrung im Umgang mit Pferden, in der Pferdehaltung und in der Reiterei. Er gilt als Pionier des Wanderreitens, gründete den Ersten Trekking-Club Deutschlands und unterhält seit 1983 auf seiner Anlage „Gut Wildschwaige" in der Nähe von München den ersten Pferde-Pensionsbetrieb mit Großpferden in Gruppenhaltung.
Hanns Ullstein jun. entwickelte unter anderem verschiedene moderne Stall-Systeme und neuartige Fütterungseinrichtungen. Er ist Gründer der LAG (Laufstall-Arbeits-Gemeinschaft e.V.), die Stall-Wettbewerbe veranstaltet und Stall-Plaketten verleiht, und setzt sich bei Vorträgen und Seminaren für pferdegerechte Haltungsformen ein.

# Inhalt

# Vorwort

*„Ein Königreich für ein Pferd!“* Wir alle kennen diesen hilfesuchenden Ausspruch, an dem man deutlich ermessen kann, wie wertvoll das „Haustier“ Pferd vor Hunderten von Jahren für die Menschen war. Ob als Kriegsgefährte, als Helfer in der Landwirtschaft oder als Transportmittel auf Reisen – das Pferd war unentbehrlich und hatte einen entsprechend hohen Stellenwert.
In unserer heutigen schnellebigen Zeit ist diese Art der allgemeinen Wertschätzung nicht mehr vorstellbar. Die Zeiten haben sich in den letzten Jahrhunderten, aber ganz besonders in den letzten 50 Jahren, total gewandelt. Heute ermöglicht es der Lebensstandard in den westlichen Industrienationen beinahe jedem, seine Wünsche zu erfüllen. Und damit hat sich natürlich auch die Bedeutung des Pferdes für den Menschen extrem verändert.
Die Verhaltensweisen und Bedürfnisse der Pferde, die sich über viele Millionen von Jahren fortentwickelt haben, sind jedoch bis heute dieselben geblieben!
Das vorliegende Buch soll helfen, die Spannungen, die sich zwangsläufig aus diesem veränderten Verhältnis zwischen Menschen und Pferden ergeben, durch Denkanstöße zu mildern. Außerdem hoffe ich, die Leser für die Belange der Pferde sensibler zu machen. Denn meine Vision, daß möglichst bald kein Pferd mehr in einer Box eingesperrt sein wird, läßt sich nur über den Verstand und das Gespür der Pferdeleute realisieren.
All diejenigen Familienmitglieder und Freunde, die unter meinem „Pferdefimmel“ sehr oft und nachhaltig zu leiden hatten, möchte ich hier um Nachsicht bitten. Ihnen gilt mein herzlicher Dank für all die erlittenen Entbehrungen und für die aufgebrachte unendliche Geduld. Ohne ihre tatkräftige Unterstützung hätte ich meine Gedanken rund um die Pferdehaltung nie verwirklichen und vorantreiben können.
Die eindrucksvolle Verbesserung der Pferdehaltung, die hoffentlich recht bald vollzogen sein wird, wird uns alle sicherlich entsprechend belohnen – und am fernen Hori-

zont sieht man ja heute schon ganz zart die „Pferdehaltungs-Sonne“ aufgehen ...
Danken möchte ich auch den vielen Pferdepensions-Kunden, die uns in schlechten Zeiten durch ihre Treue viel Mut gaben, den steinigen, mit Mißgunst und Anfeindungen reichlich gepflasterten Weg weiter zu gehen. Und den verständnisvollen, immer zur „artgerechten Sache“ stehenden Mitarbeitern, die es mir schließlich erst ermöglichten, neuartige Haltungsformen zu entwickeln und die jene dann auf deren Funktionstüchtigkeit prüften. Nicht zu vergessen die zahlreichen Pferdefachleute von staatlicher und privater Seite, die mir mit ihrem umfangreichen Wissen und ihren zahllosen Erfahrungen immer zur Seite standen und die nötige Hilfestellung gaben.
Aber ich denke auch an die rasant anwachsende Mitgliederzahl der Laufstall-Arbeits-Gemeinschaft e.V. (LAG), die die kühnsten Träume aus meiner Gründerzeit nahezu Wirklichkeit werden läßt. Jedem Mitglied, ganz gleich ob es sich aufopfernd einsetzt oder „nur“ den Beitrag bezahlt, gilt mein herzlicher Dank für die Treue und die Unterstützung der LAG-Ideale.
Gott mit uns und mit den Pferden!

*Hanns Ullstein jun., im Herbst 1996*

*Eine wirklich natürliche Pferdehaltung ist hierzulande praktisch nicht mehr machbar. Ziel jeder modernen Haltung sollte es sein, der natürlichen Lebensform der Pferde möglichst nahe zu kommen.*

# Natürliche Pferdehaltung – weshalb?

Der Titel dieses Buches, *Natürliche Pferdehaltung*, muß zunächst relativiert werden. In unseren heutigen Lebensräumen mit ihrer intensiven landwirtschaftlichen Nutzung und der äußerst dichten Besiedelung kann logischerweise keine wirklich „natürliche“ Pferdehaltung betrieben werden. Warum dann dieser Titel?
Er soll ausdrücken, daß es in diesem Buch um eine Pferdehaltung geht, die der natürlichen Lebensform der Pferde möglichst nahe kommt.
Seit über 15 Jahren bemühe ich mich, die Verbesserung der Pferdehaltung voranzutreiben, ohne dabei besondere Rücksicht auf Überbelastungen jeglicher Art zu nehmen – inklusive der Gefährdung der eigenen wirtschaftlichen Existenz. Diesen Einsatz halte ich nach wie vor für notwendig, denn auch wenn bei der Pferdehaltung vieles „in Bewegung“ geraten ist, hat sich doch noch immer viel zuwenig verändert.

***Wir machen den Laufstall „hoffähig“!***

*Unter diesem Slogan wurde vor fast zehn Jahren auf der Equitana der erste „Bewegungsstall“ vorgestellt. Auf unserem großen Stand mit freilaufenden Pferden wurden wir damals oft mit unschönen Worten beschimpft, und nur ganz, ganz wenige Pferdeleute unter den vielen Besuchern zeigten Verständnis und Interesse. „Hoffähig“ im Sinne eines pferdewirtschaftlichen Betriebes ist der Laufstall mittlerweile überall geworden, wie die zahlreichen Anlagen mit artgerechten Haltungen beweisen.*

## Eine langsame Entwicklung

Neulich führte ich ein Gespräch mit einem Pferdefachmann, der die Szene seit zig Jahren genau kennt. Ich bedauerte, daß das Interesse an der Verbesserung der Pferdehaltung zwar besonders in den letzten zwei bis drei Jahren ernorm gestiegen sei, sich aber dennoch nur circa zehn Prozent aller Pferde-Interessenten um eine „natürliche“ Pferdehaltung bemühten oder diese sogar schon praktizierten.
Er widersprach heftig und meinte, diese Zahl sei viel zu niedrig: Heute würden sicherlich schon 25 Prozent der Pferdeleute „nachdenken“.
Zehn Prozent? 25 Prozent? Sicherlich liegt die korrekte Zahl irgendwo dazwischen, aber selbst bei einem Anteil von 25 Prozent wären es immer noch viel zu wenige Menschen, die endlich verstanden hätten, daß Pferde nicht eingesperrt gehören.

## Freiheit, die ich meine ...

Wo ist sie denn nun, die Freiheit für die Pferde?
Es ist geradezu erschütternd und angesichts der eigenen Anstrengungen höchst frustrierend, wenn man sieht, wie

die Pferde in ganzen Landstrichen nach wie vor in ihre Ställe gesperrt und nicht auf die Koppel oder in den Auslauf gelassen werden.
Wo ist die Freiheit für die Pferde – zum Beispiel im Hochzuchtgebiet Niedersachsen? Eine Kollegin und ich fuhren letztes Jahr, von einer Inspektionsreise für die LAG kommend, mit dem Zug von Hamburg nach München. Es war Ende November, und die Witterung im Norden unterschied sich nicht wesentlich von der im Süden: Es war kalt (im Süden etwas kälter), windig und bedeckt. Vom Zug aus konnten wir überall die Koppeln und Ausläufe nahe den Bauernhöfen und Reitställen beobachten. Und zu unserem großen Bedauern mußten wir feststellen, daß bis auf ein oder zwei Ausnahmen kein einziges Pferd „in Freiheit" zu entdecken war! Und das in einem „Hochzuchtgebiet"!
Je mehr wir dann gegen Süden fuhren, desto hoffnungsvoller wurde das Bild. In Hessen bekamen wir regelmäßig einige Pferde zu sehen, obwohl die Witterung aufgrund der Höhenlage rauher war. Im bayerischen Raum steigerte sich die Anzahl der „freien" Pferde dann immer mehr. Ein totales Nord-Süd-Gefälle tat sich uns auf, das wir zwar durch unsere Arbeit in der LAG schon kannten, nun aber bewußt sahen.
Was wir hier von den „großen" Pferdezüchtern gezeigt bekamen, war die Einstellung: „Das war halt schon immer so, warum sollte es auch anders sein? Basta!"

**_Ein Sieger-Fohlen, das eigentlich Verlierer ist ..._**

*Bei einer Besichtigung durch LAG-Inspekteure wurde in einer kleinen, dunklen Box eine Zuchtstute mit ihrem Fohlen entdeckt. Der Pferdehalter hatte bezüglich dieser Art der Aufzucht keinerlei Bedenken und berichtete sogar noch stolz, daß dieses Fohlen auf der Fohlenschau Sieger geworden sei.*

*Ein Bild, das man leider viel zu häufig sieht: Hier wurden zwar Außenboxen mit Paddocks gebaut, aber bei trübem Wetter dürfen die Pferde weder ins Freie, noch werden die oberen Türhälften geöffnet.*

## Gedankenlosigkeit oder fehlende Sensibilität?

Wem ist es nicht schon passiert, daß er jahrelang nach einem bestimmten Muster irgendwelche Dinge abhandelte, ohne über deren eigentlichen Sinn und Zweck nachzudenken? Es kann manchmal sehr seltsam, ja sogar erschreckend sein, wenn man dann plötzlich feststellen muß, daß man völlig gedankenlos gehandelt hat.

Mir ging jedenfalls erst nach über 20jähriger Erfahrung in Pferdezucht, -haltung und -sport ein Licht über die „normale“ Pferdehaltung auf: Ich stand mit einem Reitsport-Mäzen auf seiner Reithallentribüne, und er gab mir deutlich zu verstehen, daß ich hier nur leise zu sprechen hätte. Die Pferde würden sonst nervös und wären dann für die Reiter zu gefährlich, meinte er.

Stutzig machte mich diese Aussage schon, doch mir fiel im Traume nicht ein, mir weitere Gedanken darüber zu machen. Sicherlich übertrieb der ältere Herr etwas, dachte ich mir ...

**Keine Rassentrennung**

*Pferde aller Rassen eignen sich für eine artgerechte, natürliche Haltungsform! Denn sie haben sich in Jahrmillionen so entwickelt, daß sie in Freiheit, bei Wind und Wetter und den unterschiedlichsten Geländeformationen gut überleben können.*

Als ich dann etwas später das Management dieses Stalles übernahm, mußte ich feststellen, daß die Worte des wohlhabenden Pferdefreundes tatsächlich zutrafen. Die Pferde spielten wirklich „verrückt“ und warfen oft den einen oder anderen Reiter ab, nur weil zum Beispiel am halbgeöffneten Reithallentor außen ein Pferdepfleger vorbeilief, weil auf der Tribüne ein Zuschauer hustete oder ein Kind die Tribünentreppe zu schnell heruntersprang.

Plötzlich machte ich mir doch Vorwürfe: Wie war es möglich gewesen, daß ich mir über das übertrieben empfindliche Verhalten dieser Pferde noch keinerlei Gedanken gemacht hatte?

Ich überlegte: In den 60er Jahren, als ich meine ersten Isländer importierte, galten diese als ausgesprochene Familienpferde – also als Tiere, auf denen die Kinder ebensogut reiten können wie der Vater oder die Mutter. Vor allen Dingen standen sie in dem Ruf, weder zu beißen noch zu schlagen.

Weil die Isländer mit ihrem wuscheligen Haarkleid hübsch anzusehen und mit dem fleißig angebotenen Tölt obendrein besonders bequeme Reitpferde waren, ließ die große Importwelle nicht lange auf sich warten. Ob in Büchern, Zeitschriften oder Fernsehserien – überall wurde einem

vermittelt, was für ein tolles, umgängliches und zuverlässiges Pferd dieser Isländer sei.
Ursula Bruns, die große alte Pferde-Dame, hat sich besonders für das Islandpferd engagiert und sich schon vor vielen Jahren sehr kämpferisch für die artgerechte Haltung „ihrer" Isländer eingesetzt. Ihre „Lehren" haben wir damals geradezu aufgesogen – und so wurden die Erkenntnisse und Anregungen von Frau Bruns denn auch tagtäglich bei den eigenen Isländern hinterm Haus im Offenstall und auf der Weide praxisnah umgesetzt und positiv bestätigt.
Für alle Islandpferdefreunde, auch für mich, stand fest: Die Isländer sind eine besonders umgängliche Pferderasse! Jahrelang habe ich dies – eben doch recht gedankenlos – auch so weitergegeben.
Erst die Begebenheit mit den „verrückt spielenden" Pferden im Reitverein und die Notwendigkeit, hier möglichst rasch Abhilfe zu schaffen, zwangen mich zum Nachdenken: Weshalb reagierten diese Pferde so völlig anders, als ich es von den Isländern kannte?

Die Antwort auf diese Frage war ganz klar – und ich hätte das alles ja eindeutig „wissen" müssen, doch meine Gedankenlosigkeit hatte entsprechende Erkenntnisse verhindert: Nicht die Pferde waren so unterschiedlich, sondern die Haltungsbedingungen! Für mich war es eine Selbstverständlichkeit, daß die Pferde sich frei bewegen konnten – und genau das traf im Reitverein ganz und gar nicht zu.
Nicht seine Rasse macht den einzelnen Isländer zum zuverlässigen Familienpferd, sondern die Art seiner Haltung. Und nicht ihre Rasse machte die einzelnen Vereinspferde zu durchdrehenden Nervenbündeln, sondern die extrem einengende Haltung!

Von nun an war für mich klar, daß die Haltungsbedingungen der Pferde verbessert werden mußten. Damit würde nicht nur den Pferden geholfen, sondern auch dem Menschen, denn er hätte auf allen nur erdenklichen Ebenen mit seinem „Freund" Pferd wesentlich mehr Spaß und Erfolg. Und obendrein auch noch niedrigere Tierarztkosten!
Nach einigen Wochen Tätigkeit in diesem Reitverein hatte ich aber noch ein weiteres Schlusselerlebnis, das mein

### *Der ganz normale Wahnsinn*

*In den meisten Reitställen wird der Montag als „Ruhetag" gewählt. Er soll hauptsächlich dem oft stark beanspruchten Personal eine Ruhepause verschaffen. Da die Pferde dann in ihren Boxen eingesperrt bleiben und meist der Haferfutterplan nicht eigens umgestellt wird, „explodieren" die Pferde am Dienstag um so heftiger – vor lauter aufgestautem Bewegungsdrang und nicht verwerteter Energiezufuhr. Reiterliche Kämpfe mit dem Pferd und häufige Stürze sind die Folge – sie werden schon als „normal" und nicht zu ändern angesehen.*

*Nicht nur, daß die Pferde in Innenboxen leben müssen – nein, sie werden durch geschlossene Fenster und Türen völlig von der Außenwelt abgeschirmt. Kein Wunder, daß so gehaltene Pferde zu Nervenbündeln werden!*

„Pferdeleben" prägen sollte. Bei einer gemütlichen Runde im Reiterstüberl registrierte ich, daß ein Reiter fast fluchend stöhnte: „Jetzt muß ich mein Pferd noch reiten!" Für ihn war das Reit-Hobby plötzlich zu einem „Muß" geworden – sicherlich, ohne daß es ihm besonders auffiel. Eigentlich hat man ja gar keine Lust, das Pferd zu reiten, aber man *muß* halt!

Es ist wirklich nicht verwunderlich, daß es unter solchen Vorbedingungen ganz und gar unmöglich ist, in Harmonie mit dem Pferd zu reiten. Denn die Beziehungen zwischen Mensch und Tier sind ja, schon bevor der Reiter in den Stall kommt, mit dessen negativen Einstellungen vorbelastet.
Damals machte ich mir mehr oder weniger „leichte" Vorwürfe – ich hätte diese Zusammenhänge ja schon viel, viel früher erkennen können. Wenn ich nur besser hingehört hätte, geduldiger gewesen wäre oder auch mal den einen oder anderen Rat (der ja sowieso nichts taugte ... ) wenigstens in Erwägung gezogen hätte – ja, vielleicht wäre ich schon einige Jahre früher so „gescheit" gewesen ...
Jedenfalls habe ich von nun an die Ohren etwas mehr gespitzt und so ganz nebenbei erstaunliche Dinge mitbekommen. Ein paar Kostproben finden Sie in den „Lesekästen" auf dieser und den nächsten Seiten.

Meine zwei Erlebnisse mit den „verrückten" Pferden und dem „Muß"-Reiter veranlaßten mich nun mehr und mehr, intensiver auf derartige Begebenheiten zu achten. Ich war nämlich der Ansicht, daß beide Punkte schon durch kleine Schritte zu verbessern wären: „Spinnende" Boxenpferde müßte man doch beruhigen können, und Freizeit-„Muß"-Reiter müßte es erst gar nicht geben!

Nach und nach schwebte ein Ziel vor meinen Augen, das zunächst noch reichlich verschwommen war und sich nur ab und zu gedanklich heftig meldete: Es müßten Haltungsformen gefunden beziehungsweise entwickelt werden, in denen möglichst Pferde aller Rassen ihr ausgeglichenes, natürliches Wesen behalten könnten, so daß auch alle Reiter stets entspannt und problemlos mit ihren Pferden umgehen könnten.

### Täglich eine Stunde reiten ...

*Warum wissen so viele Pferdebesitzer eigentlich so wenig über die Bedürfnisse ihrer Tiere und halten diese deshalb falsch, fragte ich mich vor Jahren – und kam dabei auf folgende Schlußfolgerung: Wenn ein Pferdeverkäufer oder Züchter einem Kaufinteressenten die Wahrheit über den Zeitbedarf sagen würde, nämlich, daß er das gekaufte Pferde mindestens vier Stunden am Tag bewegen muß, würden die meisten sofort vom Kauf zurücktreten. Wer hat schon so viel Zeit?*
*Weil der Anbieter seine Pferde aber verkaufen muß (davon lebt er ja schließlich), wird er diese unbedingten Bewegungsnotwendigkeiten verschweigen. Und wenn ein potentieller Käufer von sich aus danach fragt, wird der Verkäufer sagen: „Täglich eine Stunde reiten reicht aus." Jede höhere Zeitangabe würde sein Geschäft gefährden ...*

### Geschäftsschädigende Ideen?

*Als ich einem weltbekannten Pferdemann die Pläne der LAG erläuterte, meinte zu mir: „Ist es tatsächlich sinnvoll, für ein höheres Lebensalter der Pferde einzutreten? Bedenken Sie doch bitte, daß dadurch auch weniger Pferde abgesetzt werden könnten. Größerer Umsatz belebt doch den Markt!"*

## Neue Haltungsformen für das Pferd

Auf der Equitana '85 wollte ich mich über artgerechte Haltungsformen informieren und machte dort erste Bekanntschaft mit den Gedanken von Prof. Dr. Joachim Piotrowski vom Institut für landwirtschaftliche Bauforschung in Braunschweig. Mir war sofort klar: „Der Mann hat's!" Sein System der Trennung von Ruhe- und Futterraum erschien mir genau als der Kern der künftigen Pferdehaltung.
Noch im Zug auf der Heimfahrt von Essen faßte ich den Entschluß, meine bisherige, sehr gut dotierte Stellung aufzugeben und mich von nun an ausschließlich und intensiv um die Pferdehaltung zu kümmern. Mir schwebten also neue Haltungsformen für das Pferd vor – aber wie müssen diese aussehen, damit sie den vielfältigsten Bedürfnissen der Pferde gerecht werden?
Daher zuallererst: Was für ein Wesen ist eigentlich das Pferd, und welche Bedürfnisse hat es?

### *Genuß beim Regenguß*

*Wir Menschen sehnen uns nach „schönem" Wetter. Schon bei der „guten" Wetteransage im Radio freuen wir uns – und fast niemandem fällt auf, daß dies sogar noch nach einer Trockenperiode von sechs oder acht Wochen der Fall ist.*
*Auf der anderen Seite wissen wir aber auch, daß das „schlechte" Wetter mit seinem Regen für die Vegetation und somit für unsere gesunde Umwelt lebensnotwendig ist. Die Natur, die Pferde und auch wir brauchen das „schlechte" Wetter. Übrigens: Regen kann sooo schön sein!*

*Viele Pferde wären nicht krank und hätten keine Hustenprobleme, wenn derartige Schilder nicht angebracht würden.*

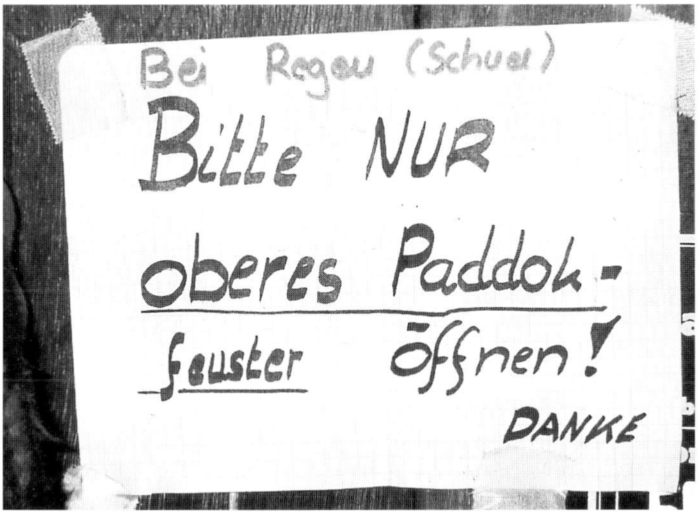


*Hinaus aus der dunklen Box – in die „Freiheit"!*

*Das Pferd hat sich in vielen Millionen Jahren an die harten Lebensbedingungen in der Natur angepaßt.*

# Das Pferd – Wesen, Bedürfnisse und Verhaltensweisen

## *Zu Besuch im Pferde-Gefängnis*

*Wie oft habe ich das gehört: „Also, mein Pferd fühlt sich in seiner Box sauwohl! Das merke ich schon daran, wie es mich wiehernd begrüßt, wenn ich zu ihm komme. Und diese Zuneigung, die es mir beim Putzen und Satteln entgegenbringt – einfach toll!"*
*Ganz klar, als Gefangener freut man sich über jeden Besucher und jede Abwechslung ...*
*Nebenbei: Obwohl meine Vollblutstute seit über zehn Jahren „in Freiheit" lebt und ich sie seit etlichen Jahren nicht mehr reiten kann, begrüßt sie mich, wenn ich durch die Herde gehe, oft brummelnd und wohlwollend. Auch bei Pferden gilt: Alte Liebe rostet nicht!*

## *Kein „richtiger" Pferdebetrieb?*

*Als wir einen Lehrling ausbilden wollten, schaute sich der Ausbildungsleiter für Zucht und Haltung unseren artgerecht geführten Betrieb an und meinte dann zu der angehenden Auszubildenden: „Das weißt scho', ein Jahr (von dreien) mußt aber noch auf'n richtigen Pferdebetrieb geh'n ... "*
*Diese „Androhung" war so durchschlagend, daß der Lehrling bei uns blieb, aber dafür eine sechsjährige Lehre machen mußte – weil wir nicht als Lehrbetrieb anerkannt wurden.*

Hinter dem heutigen Pferd liegt eine Entwicklung von zig Millionen Jahren. Im Laufe der Zeit hat es sich Eigenschaften und Verhaltensmuster angeeignet, die ein Überleben in der Wildnis möglich machten. In der Natur gilt nun mal der Grundsatz: *Passe dich den Lebensbedingungen deiner Umgebung an – oder stirb!*
Wie gut das Pferd diesem unerbittlichen Naturgesetz folgte, kann man schon daran erkennen, daß es sich von Amerika aus praktisch über die ganze Welt verbreitet hat. Hitze und Kälte, Wind und Wetter, unterschiedlichste Vegetationsformen und natürliche Feinde konnten seinen Vormarsch über den gesamten Globus nicht aufhalten.
Trotz aller Anpassungsfähigkeit an den heutigen Lebensraum blieben bestimmte Eigenarten der Urahnen aus vergangenen Zeiten voll und ganz erhalten. Diese Grundlagen gilt es zu beachten, wenn man den heutigen Pferden eine möglichst natürliche, artgerechte Haltung bieten will.

Sechs Hauptmerkmale kennzeichnen das Pferd. Es ist:
1. **Lauftier,**
2. **Dauerfresser,**
3. **Herdentier,**
4. **Wächter,**
5. **Klimawiderständler und**
6. **Frischluftler.**

Die hier gewählte Reihenfolge bei der Aufzählung soll keine Rangfolge darstellen: Das erste Merkmal ist nicht wichtiger als die anderen. Nein, jedes einzelne hängt mit jedem anderen zusammen, und alle sechs Merkmale sind für die Gesundheit und das Wohlbefinden des Pferdes gleich wichtig.
Und doch ist die Reihenfolge bewußt gewählt. Sie ist bei der Gestaltung von Stall-Systemen sehr nützlich. Sind nämlich die Anforderungen des ersten Punktes (das Pferd als Lauftier) hinreichend erfüllt, so werden alle nachfolgenden Bedürfnisse fast „nebenbei" befriedigt.
Das folgende grobe Beispiel soll aufzeigen, wie das gemeint ist:
Das Pferd versucht seinen natürlichen Feinden durch Flucht zu entkommen. Das gelingt auch meist, denn als ausgesprochenes Lauftier kann es sich praktisch aus dem

*Unter natürlichen Bedingungen legen Pferde bei der täglichen Nahrungssuche viele Kilometer zurück.*

Stand heraus mit großer Geschwindigkeit (zum Beispiel im Renngalopp mit circa 40 Stundenkilometern) und enormer Ausdauer vom tatsächlichen oder vermeintlichen Widersacher absetzen.
Diese hervorragenden Laufeigenschaften schätzt der Reiter besonders und möchte sie verständlicherweise erhalten. Gelingen wird ihm das aber nur, wenn er dem Pferd die Möglichkeit gibt, diese Fähigkeiten täglich zu trainieren.
Möglich wäre solch ein Training beispielsweise auf einer großflächigen, kargen Weide. Hier müßte das Pferd bei der Nahrungssuche größere Entfernungen zurücklegen und wäre mehrere Stunden täglich und bei allen Wetterlagen draußen in Bewegung.
Und schon wäre der zweite Punkt (das Pferd als Dauerfresser) sinnvoll erfüllt, denn die Weide würde es ihm gestatten, seinem Bedürfnis nach fast ununterbrochener Futteraufnahme nachzukommen.
Bleiben wir beim Beispiel „Lauftraining auf der kargen Weide", dann dürfte sich Punkt drei (das Pferd als Herdentier) ebenfalls beiläufig erledigen, denn auf einer hinreichend großen Fläche stellt die Herdenhaltung normalerweise kein Problem dar.
Auch die Punkte vier, fünf und sechs würden fast zwangsläufig erfüllt: Wachsam müssen Weidepferde allemal sein, gilt es doch, den Nachbarn (oder einen eventuellen Feind)

### *Fressen auf der Weide? Fehlanzeige!*

*„Mein Pferd hat täglich Koppelgang!" Diesen Satz hört man oft von stolzen Pferdebesitzern. Weil das gut klingt, fragt man meist gar nicht mehr weiter oder überhört die eine oder andere Randbemerkung.*
*Kommt man dann aber zufällig einmal an dem betreffenden Stall vorbei, stellt sich die Koppel häufig als „Krautacker" oder total abgefressene Unkrautweide dar. Fragt man den Besitzer, wie sein Pferd denn dort noch Futter finden könne, so bekommt man die Antwort: „Wir füttern ja am Abend stets nach, sonst würde das Pferd zu schnell abmagern ..."*

ständig im Auge zu behalten. Widerstandsfähigkeit gegenüber Witterungseinflüssen wird automatisch aufgebaut, wenn die Pferde tagtäglich draußen sind, und Frischluft für die leistungsfähige Lunge bekommen sie sowieso gratis mitgeliefert.

An diesem einfachen Beispiel sieht man also, daß durch die Erfüllung nur des ersten Punktes (das Pferd als Lauftier) alle weiteren Grundbedürfnisse des Pferdes ebenfalls befriedigt werden können, ohne daß man dafür besondere Anstrengungen unternehmen muß.
Deshalb erscheint die Erfüllung des ersten Punktes als besonders wichtig, weil sie fast automatisch – je nachdem, wie sie ausgestaltet beziehungsweise verwirklicht wird – alle anderen nachzieht. Und das geschieht noch dazu ohne großen Aufwand an handwerklicher Arbeit oder an finanziellen Investitionen!

### *Hirnschwund wegen Unterforderung*

*Der Zoologe Prof. Nicolaus Peters von der Universität Hamburg fand heraus, daß die Hirnmasse bei Haustieren gegenüber ihren wilden Artgenossen bis zu 35 Prozent an Gewicht verloren hat. Peters führt als Ursache dafür die Menschen an, weil diese sämtliche natürlichen Reize wie zum Beispiel Futtersuche, Schutz vor Feinden, Witterungseinflüsse und so weiter von den Tieren fernhalten würden. Verhaltensstörungen und Organfunktionsstörungen sowie Beeinträchtigungen der Sinnesorgane sind die Folgen.*

## Das Pferd als Lauftier

Vor etwa 25 Millionen Jahren entwickelte sich das Pferd zum Grasfresser und wurde zum Bewohner der Steppen beziehungsweise Baumsavannen. Um sich von dem kargen Futterangebot ernähren zu können, mußte es jeden Tag viele Kilometer wandernd zurücklegen. Neben dieser täglichen Nahrungssuche mußte das Pferd aber auch den jahreszeitlich bedingten Vegetationswechseln folgen. Dabei bewegte es sich oft mehrere hundert Kilometer weit,

### *Sauberkeit statt Lebensqualität?*

*Selbst in einer Landesreitschule konnte ich neulich nur geschlossene Boxenfenster und verriegelte Türen vorfinden. Die Stallluft roch entsprechend stark nach Ammoniak. Was nützten da die fein gesäuberten Stallgassen? Auf demselben Gelände wurde ein Holzstall errichtet, der gleich gar keine Fenster an den Längs-Außenseiten aufzuweisen hat. Für einen derartigen „Zweckbau“ (man spart ja doch das Fensterputzen!) dürfte es wohl kaum eine Ausrede geben.*

*Auch so etwas gibt es – noch dazu in einem staatlichen Betrieb: Innenboxen-Stall ohne ein einziges Fenster in den Seitenwänden.*

um einen neuen Futterplatz zu finden. Es mußte also immer laufen und – wenn auch nur langsam schreitend – dahinziehen.

Das Pferd mußte sich aber auch seiner natürlichen, fleischfressenden Feinde erwehren. Es entwickelte, wieder in Millionen von Jahren, hochempfindsame und hochleistungsfähige Fluchtmechanismen, die es ihm in der Regel ermöglichten, sich dem Angriff durch Davonlaufen zu entziehen. Wieder mußte das Pferd laufen, diesmal aber viel schneller, ging es doch schließlich um Leben oder Tod.

Diese beiden Grundanforderungen an den Bewegungsapparat, das Laufen zur Nahrungssuche und das Laufen zu Fluchtzwecken, haben das Pferd also zu einem hochspezialisierten Lauftier werden lassen. Seine langen Beine mit den kräftigen Muskeln und den perfekt entwickelten harten Hufen sowie die schräg angesetzte Schulter geben ihm die Möglichkeit, jeder Situation gerecht zu werden. Dabei spielt es keine Rolle, ob „nur“ der gemächliche Schritt beim Grasen angesagt ist oder ob äußere Umstände eine Flucht in hohem Tempo mit raumgreifenden Galoppsprüngen notwendig machen.
Dabei kann das Pferd auf eine ungeheure Ausdauer und ein großes Leistungsvermögen bauen, denn nicht nur der Bewegungsapparat ist perfekt entwickelt, sondern auch das Herz-Lungen-Kreislaufsystem ist ein Spitzenprodukt der Natur. So kann das Pferd unter extremen Bedingungen

*Das Pferd hat sich in Jahrmillionen zu einem hochspezialisierten Lauftier entwickelt.*

### *Lange Wege*

*Bei der ständigen Nahrungssuche in der Wildnis legen Pferde täglich Strecken von bis zu 25 Kilometern zurück, indem sie zwischen Schlaf- und Futterplätzen sowie der Tränke hin und her pendeln.*

### *No foot, no horse!*

*Dieser alte englische Spruch trifft den Hufnagel auf den Kopf. Konnte sich ein Pferd in der Wildnis nicht mehr einwandfrei fortbewegen, so war es der natürlichen Auslese bedingungslos ausgeliefert. Durch diese Selektion entwickelten die Pferde allmählich einen Bewegungsapparat, der wahrlich als „High-Tech“-Produkt bezeichnet werden kann.*
*Alleine der einhufige Fuß ist schon eine Meisterleistung der Natur, kann sich das Pferd doch mit ihm auch in hohem Tempo praktisch mühelos durch jedes Gelände bewegen. Wie gut der gesamte Bewegungsapparat entwickelt ist, läßt sich besonders eindrucksvoll bei neugeborenen Fohlen beobachten, die ihren Müttern bereits kurz nach der Geburt auch im Galopp problemlos folgen können.*

> ***„Technische" Daten:***
> *Unter extremen Belastungen kann:*
> *• ein Hund 10mal,*
> *• ein Mensch 20mal und*
> *• ein Pferd 30mal*
> *soviel Sauerstoff aufnehmen wie unter normalen Bedingungen.*

mehr als 30mal soviel Sauerstoff aufnehmen, als es im Ruhezustand benötigt. Kilometerweite Galoppaden sind für die Pferde deshalb keine außergewöhnlichen Leistungen.

Aber das Pferd kann sich seiner Feinde nicht nur durch Flucht erwehren, sondern auch noch auf andere Art und Weise – wobei man wissen sollte, daß dies nur im äußersten Notfall geschehen wird. Mit gezielt eingesetzten Tritten, meist mit den Hinterbeinen, und seinen scharfkantigen harten Hufen ist das Pferd durchaus in der Lage, einem Angreifer erhebliche Schmerzen zuzufügen oder ihn sogar lahmzulegen. Auch das starke Gebiß mit den kräftigen Backenmuskeln kann den Feind ziemlich stark verletzen.
Dies alles ist aber nicht die Regel, denn das Pferd ist nun mal hauptsächlich ein Fluchttier. Bevor es angreift, wird es zuerst versuchen, seine einmaligen Fähigkeiten als Lauftier vorteilhaft einzusetzen.

## Das Pferd als Dauerfresser

> ***Vorbildliche Pferdehaltung?***
> *Immer wieder zeigen deutsche Turnierreiter, daß sie die besten sind. Dann muß unsere Pferdehaltung ja top sein – werden nun die alten Hasen sagen ... Ist sie aber nicht – trotzdem! 95 Prozent aller Reiter sind keine Sportreiter. Doch die verbliebenen fünf Prozent Turnierreiter werden meist als Vorbilder herangezogen. Leider, denn die Stallhaltung der Sportpferde kann und darf nicht mit der üblichen Pferdehaltung verglichen werden. Diese Pferde sollen ausschließlich „Erfolge" einbringen, und entsprechend speziell werden sie betreut. Diese fünf Prozent können und dürfen kein Vorbild sein – zumindest nicht in der Haltung!*

Unter natürlichen Bedingungen fressen Pferde, von einigen Ruhepausen abgesehen, praktisch den ganzen Tag. Durch wissenschaftliche Untersuchungen hat man herausgefunden, daß sie täglich 16 Stunden und mehr mit Grasen beschäftigt sind. Um ihren Futterbedarf zu decken, müssen sie pro Tag über 50.000mal abbeißen!
Am liebsten fressen die Pferde nach Sonnenaufgang und am Abend vor Sonnenuntergang. In diesen Phasen nehmen sie mehrere Stunden lang Nahrung auf (abends länger). Kurze Freßzeiten von ungefähr einer Stunde wurden dann noch jeweils vor- und nachmittags festgestellt.

Pferde fressen recht langsam und können aufgrund ihres feinen Tast- und Geruchssinnes einzelne Pflanzen wesentlich gezielter erkennen und aussuchen als beispielsweise Rinder. Mit Hilfe der sehr beweglichen Lippen, der großen Zunge und der Schneidezähne werden die Gräser aufgenommen, mit den Backenzähnen zermahlen und durch langes Kauen reichlich eingespeichelt. Für die Speichelproduktion sind verschiedene Drüsen in der Maulhöhle zuständig. Die erzeugte Speichelmenge hängt einerseits

*Unter natürlichen Bedingungen sind Pferde 16 Stunden am Tag mit der Futteraufnahme beschäftigt.*

von der Kautätigkeit ab, andererseits von der Art des Futters: Bei Trockenfutter wird etwa viermal soviel Speichel produziert wie bei Körnerfutter.

Der nun entstandene Futterbrei gelangt über die Schlundröhre in den Magen, der mit einem Fassungsvolumen von etwa 15 bis 20 Litern sehr klein ist – gemessen an der Körpergröße des Pferdes. Im Magen wird das Futter teilweise durch Enzyme, aber auch durch Mikroorganismen vorverdaut. Anders als beim Rind oder beim Schaf läßt der Magen des Pferdes nur eine fortwährende Nahrungsaufnahme in kleinen Portionen zu. Frißt das Pferd zuviel auf einmal, so kommt es zu einer Magenüberladung, und die verschiedenartigen Verdauungsprozesse können durcheinandergeraten.

Der Mageninhalt wird nun nach und nach in kleinen Portionen in den Dünndarm entleert. Dort sorgen Enzyme, die durch die Bauchspeicheldrüsen und die Leber produziert werden, für die Aufspaltung der Kohlehydrate, Fette und Eiweiße im Futterbrei. Durch die kräftigen Darmbewegungen (Peristaltik) wird das Nahrungsgut durchmischt und weitertransportiert. Die bei der chemischen Umsetzung freiwerdenden Stoffe wie zum Beispiel Amino- und Fettsäuren, Stärke, Mineralien und so weiter werden dann sofort durch die Dünndarmwände in die Blut-

### Feinschmecker

*Pferde verschlucken praktisch nie Nägel, Steine und andere Fremdkörper, denn sie können diese vorher treffsicher aussortieren. Diese „Sensoren"-Fähigkeit wenden sie leider meist auch dann an, wenn der Pferdebesitzer ihnen eine notwendige Arznei verabreichen oder Mineralien zufüttern möchte ...*

### Quetschhafer – ja oder nein?

*Hartnäckig hält sich die Meinung, gequetschter Hafer sei „besser" für die Pferde. Das stimmt aber nicht! Quetschhafer bringt bei gesunden Pferden keinerlei Vorteile. Ganz im Gegenteil: Die Kautätigkeit verringert sich enorm. Dadurch entsteht weniger Speichel, was wiederum den Verdauungsprozeß negativ beeinflußt.*

***Weniger ist oft mehr ...***

*Je kleiner die jeweils verabreichte Futterportion ist und je öfter am Tag gefüttert wird, um so besser bekommt das Futter dem Pferd. Außerdem kann man so an den Futtermitteln sparen, denn das Pferd kann die Inhaltsstoffe wesentlich besser verwerten.*

***„Technische" Daten:***

*Die Futteraufnahme nimmt bis zu 16 Stunden pro Tag in Anspruch. Kein Wunder, denn:*

- *Pro Abbiß wird nur eine Grasmenge von bis zu 1,5 Gramm aufgenommen. Daher sind täglich Zigtausende von Abbissen nötig.*
- *Pro Kilogramm Heu benötigt ein Pferd circa 3.000 Kauschläge, bei der gleichen Menge Stroh sind es etwa 3.500 Kauschläge und bei ungequetschtem Hafer nur circa 80.*
- *Dabei wird eine Speichelmenge von bis zu vier Litern pro Kilogramm Heu und von bis zu einem Liter pro Kilogramm Hafer produziert.*
- *Magenvolumen: circa 15 bis 20 Liter*
- *Darmvolumen: circa 190 Liter*
- *Darmlängen gesamt: circa 30 Meter*
- *Durchsatzzeit des Futters durch den Pferdekörper: circa 48 Stunden*
- *Wasserverbrauch pro Tag: circa 20 bis 60 Liter, je nach Wassergehalt im Futter (bei Gras beispielsweise 80 Prozent, bei Heu 15 Prozent). In der Tränke soll ständig sauberes Wasser angeboten werden.*

und Lymphgefäße abgegeben und den einzelnen Zellen zugeführt.
Am Ende des Dünndarms wird der nun sehr wäßrige Brei aufgestaut und unter Druck drei- bis sechsmal pro Stunde in den Blinddarm des Dickdarms abgegeben.

Am Eingang des Dickdarms befindet sich der Blinddarm, der in den Grimmdarm mit seinen verschiedenartigen Teilen übergeht. Am Ende des Dickdarms liegt schließlich der Mastdarm.
Die noch nicht aufgeschlossenen Rohfaserstoffe des Futterbreis werden nun zunächst im Blinddarm und in weiten Teilen des Grimmdarms durch eine unvorstellbar große Zahl von Mikroorganismen zerlegt. Aus dem Abbau entstandene flüchtige Fettsäuren werden sofort über die Darmwände absorbiert. Eiweiße, die noch nicht verdaut wurden, werden jetzt, ebenfalls durch Mikroorganismen, in Ammoniak und Aminosäuren gespalten. Der Ammoniak wird in der Leber zu Harnstoff umgebaut und verläßt den Körper des Pferdes über die Niere als Harn.
Im letzten Teil des Grimmdarms wird dem Rest des Futterbreis viel Wasser entzogen, und die Ringmuskeln im Darm geben dem Pferdekot die typische Ballenform. Über den Mastdarm erfolgt dann der Kotabsatz, der alle paar Stunden und insgesamt bis zu 20mal am Tag stattfinden kann.

## Das Pferd als Herdentier

Pferde haben starke soziale Bedürfnisse. Unter natürlichen Bedingungen leben sie in Familienverbänden, die sich jeweils aus dem Hengst, einigen Stuten und deren Fohlen sowie Jährlingen zusammensetzen. Die Junghengste schließen sich ebenfalls zu Gruppen zusammen, bis es dem einen oder anderen gelingt, eine Stute zu erobern und mit dieser dann wieder eine Familie zu gründen.
Natürlich müssen in derartigen Gruppen klare Verhältnisse herrschen, und so wird das Zusammenleben durch eine genau festgelegte Rangordnung geregelt, die etwa gleichbedeutend mit der sogenannten Hackordnung bei den Hühnern ist.
Das jeweils ranghöhere Tier beansprucht immer den bes-

*„Ein Spielchen in Ehren ... " sollte man den Pferden nicht verwehren. Sie müssen die Möglichkeit haben, ihren sozialen Bedürfnissen nachzugehen.*

seren Futterplatz, darf die Tränke zuerst benutzen oder den geräumigeren Liegeplatz einnehmen. Werden diese Privilegien nicht beachtet, so wird das dominierende Tier sofort seine Stellung innerhalb der Herde herausstellen beziehungsweise verteidigen, indem es droht und notfalls auch beißt oder schlägt.
In dieser Herdenfamilie fungiert immer eine Stute als Leittier, die die Gruppe auch beim Grasen anführt. Der Hengst befindet sich dabei meistens am Ende der Gruppe, um diese gut überwachen und abschirmen zu können.

Der Zusammenhalt der jeweiligen Herde wird durch ausgeprägte soziale Verhaltensweisen gefestigt. So pflegen sich die Tiere, indem sie sich gegenseitig das Winterfell herausschaben oder sich am Mähnenkamm beziehungsweise an der Schweifrübe jucken. Sie schützen sich vor Unwettern, indem sie sich dicht nebeneinander gegen die Windrichtung stellen. Ein ähnliches Verhalten kann man auch bei der Fliegenabwehr beobachten, wenn sich zwei Pferde mit dem Schweif gegenseitig die lästigen Insekten vom Gesicht fernhalten.
Schon von Kindheit an hat das Pferd gelernt, daß es in der Herde den nötigen Schutz findet. Fohlen, die ja bereits kurz nach der Geburt flott laufen können, werden von den Müttern bei Gefahr eingekreist, und wenn während der Ruhezeit die meisten Tiere dösen oder lang hinge-

### *Die Nachfrage bestimmt das Angebot*

*Für den LAG-Stand auf einer Pferdemesse wurden uns rohe, dreijährige Pferde eines Landgestütes zur Verfügung gestellt. Uns schienen sie alle viel zu fett. Auf Anfrage bei den verantwortlichen Personen wurde uns das freimütig bestätigt und erklärt, daß dies auch nicht im Sinne ihrer Zuchtvorstellungen sei. Die Pferde müßten aber in wenigen Monaten auf die Auktion, und dort wollten die Interessenten eben „runde, glänzende" Pferde sehen. Man müsse sich nach der Nachfrage richten – ganz gleich, ob dies gesundheitlich für das Pferd gut sei oder nicht!*
*Dabei wissen wir Menschen doch mittlerweile alle, daß Übergewicht schädlich ist. Und das trifft auf die Pferde genauso zu.*

### *Bekannte Verhaltensmuster*

*Beobachtet man eine Pferdeherde, so entdeckt man Verhaltensmuster, die dem Umgang von uns Menschen miteinander ähneln: Da spielen Jungpferde rasant „Fangen", andere üben sich ziemlich rauhbeinig im „Catchen", und der eine oder andere „Boß" gibt Unterricht im Umgang mit den Kollegen.*

*Jedem Pferd sollten soziale Kontakte zu Artgenossen ermöglicht werden – notfalls über den Zaun hinweg. Das fördert das Wohlbefinden ganz erheblich.*

**Geringe Erfolgsquote**

*Auf den seit vielen Jahren stattfindenden Haltungs-Seminaren der LAG werden von den unterschiedlichsten Referenten auch Kalkulationsbeispiele für die verschiedenen Pferdesparten vorgetragen. Dabei werden für die Zucht Fruchtbarkeitsraten von bis zu 60 Prozent angeführt – und es wird übereinstimmend erklärt, daß die Zucht in Deutschland nicht rentabel sei. Interessanterweise habe ich bei keinem einzigen Seminar Fragen zu dieser äußerst geringen Erfolgsquote gehört. Allen kam dieser Umstand ganz normal vor. Aber wenn die Natur ebenso „arbeiten" würde, wäre es um die natürliche Fortpflanzung der Pferde schon lange geschehen! Dabei hat man herausgefunden, daß Hengste, die in der Herde frei decken dürfen, meist 100 Prozent „Erfolg" haben.*

streckt schlafen, schieben einige wenige aufmerksam Wache.
Die Herde vermittelt dem Fluchttier Pferd also eine wohltuende Geborgenheit und ein umfassendes Sicherheitsgefühl.

## Das Pferd als Wächter

Nur wenn ein Pferd stets wachsam ist, kann es seine hervorragenden Eigenschaften zur Flucht einsetzen. Ist es nicht aufmerksam, so wird es womöglich von seinem Feind überrascht und fällt ihm zum Opfer!

Die Sinneswahrnehmungen des Pferdes haben sich über Millionen von Jahren dermaßen verfeinert, daß es mögliche Gefahren schon im Ansatz bemerkt und entsprechend reagieren kann.
Pferde suchen sich nach Möglichkeit immer höher gelegene Ruheplätze aus. Das hängt einerseits mit den trockeneren Bodenverhältnissen auf einem Hügel zusammen, andererseits können die Pferde aber von oben auch das Umfeld besser übersehen und überwachen. Außerdem bekommen sie hier leichter eine gefährliche Witterung in die Nüstern, denn der Windzug ist nun mal auf der Höhe ausgeprägter als im Tal. Dabei werden auch Gerüche von Tieren wahrgenommen, die gerade den Weg gekreuzt haben,

*Während sich das eine Pferd hingelegt hat, hat das andere wachsam seine Umwelt im Visier.*

und bei eventuell vorhandenem Kot stellen die Pferde fest, ob er von der eigenen Herde stammt.
Die gute Beweglichkeit des Kopfes und die Position der Augen ermöglichen es den Pferden, mögliche Feinde in einem großen Radius wahrzunehmen. Unterstützt wird dieses schnelle Erkennen von Gefahren durch die schier überallhin schwenkbaren Ohrmuscheln, die den kleinsten Laut aus größter Entfernung sicher aufnehmen und an die „Wachzentrale“ weitergeben. Wie scharf die Sinnesorgane der Pferde ausgebildet sind, kann man auch daran ermes-

### *Perfektes Warnsystem*

*Das „Alarm-System“ des Pferdes ist so gut ausgebildet, daß mittlerweile Körper und Geist zu einer Einheit verschmolzen sind. Dadurch kann der rettende Fluchtmechanismus blitzschnell ausgelöst werden.*

*Pferde mögen's eng, wenn's um's Ausruhen geht. Aber auch im Laufstall paßt immer einer stehend auf.*

> ### *Feines Gespür*
> *Viele Pferde spüren über die Tasthaare, ob auf einem Elektrozaun Spannung ist oder nicht. Sie müssen den Zaun dafür gar nicht berühren! Und wehe, der Strom ist ausgeschaltet oder es gab einen Kurzschluß ... „Hellwach" ist das Pferd also auch in diesem Sinne – ein wahrer Wächter!*

sen, daß alte Futterplätze oder verschlungene Pfade im Gedächtnis haften bleiben und stets abrufbar sind.
Neben den beschriebenen Wahrnehmungsorganen spielt auch der Tastsinn im Maul- und Nüsternbereich eine wichtige Rolle. Er wird durch die Tasthaare unterstützt und ist so fein, daß alle Fremdstoffe mühelos aus dem Futter herausgefiltert werden können.
Das Zusammenspiel der Sinneswahrnehmungen ermöglicht es den Pferden, bestimmte Körperhaltungen, Bewegungen oder Stimmlaute von Artgenossen sofort zu erkennen und je nach deren Bedeutung darauf zu reagieren.

## Das Pferd als Klimawiderständler

Da das Pferd aus der Steppe kommt, wo es praktisch keine Bäume als Schutz gegen Nässe und Wind gab, entwickelte es sich zu einem unvergleichlich witterungsfesten Tier.

Ob Temperaturschwankungen von täglich über 30 Grad ausgehalten werden müssen, ob tagelanger Regen oder eisig kalte Schneestürme über die Pferde hereinbrechen – sie alle haben die entsprechenden Mittel parat, um den Unbilden der Natur erfolgreich zu trotzen. Ganz speziell auf den jeweiligen Bedarf zugeschnittene Abwehr-Werkzeuge machen die Pferde zu echten Klimawiderständlern.
Da sind zunächst einmal die zahllosen Nervenenden, die

*Pferde halten extreme Temperaturen und starke Temperaturschwankungen aus.*

über den ganzen Körper verteilt sind und sofort jede Temperaturschwankung und Berührung „messen". Der Schutzmechanismus setzt sich über das unterschiedliche Haarkleid fort: Im Winter bekommen die Pferde ein dichtes Unterfell, und bei manchen Tieren, die in kälteren, nässeren Zonen leben, wachsen borstenartige Langhaare – die sogenannten Grannen – als Deckhaare nach. Die Haarwirbel, die dicken Mähnen- und Schweifhaare sowie der buschige Kötenbehang leiten das Wasser von empfindlichen Körperregionen ab. Dazu kommen die besonders aktiven Talgdrüsen, die Haut und Haar mit dem nötigen Fettschutzfilm versehen.

Das perfekte Thermoregulations-System des Pferdes schafft durch Aufstellen jedes einzelnen Haares genug isolierende Luftpolster und regt die Blutzirkulation durch Zittern der äußeren Körperpartien an. Die sich stark ausdehnenden, direkt unter der Haut liegenden zahllosen Blutgefäße sowie die über den ganzen Körper verteilten Schweißdrüsen ergänzen dieses System, mit dessen Hilfe das Pferd die innere Körpertemperatur je nach äußeren Umständen beliebig einstellen kann.

Kein Wunder also, daß ein so ausgerüstetes Lebewesen praktisch in allen Teilen dieser Welt den verschiedensten Klimabedingungen trotzen kann und deshalb auch überall anzutreffen ist.

### *Hitze- und kältebeständig*

*Welche Temperatureinflüsse die Pferde leicht „wegstecken" können, soll hier am Beispiel des Arabers gezeigt werden.*
*Temperaturschwankungen von über 30 Grad Celsius sind in der Heimat dieser Pferde normal.*
*Die Tagestemperaturen liegen leicht bei 40 Grad, während es nachts oft etwa zehn Grad kühl ist.*
*Die Natur hat das Pferd mit der Veranlagung zum Schwitzen bestens ausgerüstet. Durch die Verdunstung des Schweißes wird der Körper gekühlt, wobei die Fläche der nassen Fellhaare als „Pferde-Kühler" um ein Vielfaches größer ist als die Hautoberfläche.*
*Noch weniger Probleme hat das Pferd mit der Kälte. In Gesprächen mit Soldaten des Rußland-Feldzuges bekam ich immer wieder bestätigt, daß Minustemperaturen von 30 Grad den Pferden (selbst den mitgebrachten Warmblütern) keinerlei Schwierigkeiten bereiteten. Daß die Pferde mit extremer Kälte besser zurechtkommen als wir Menschen, ist gar nicht so verwunderlich. Denn die Körperoberfläche, die ja die Wärme abgibt, ist – gemessen am Körpergewicht – beim Menschen über 20mal so groß wie beim Pferd. Simpel ausgedrückt, heißt das: Der Mensch friert 20mal schneller als das Pferd!*

*Klimawiderständler in voller Aktion! Bei 23 Grad minus und heftigem Schneesturm wollte keines dieser Pferde in den Stall ...*

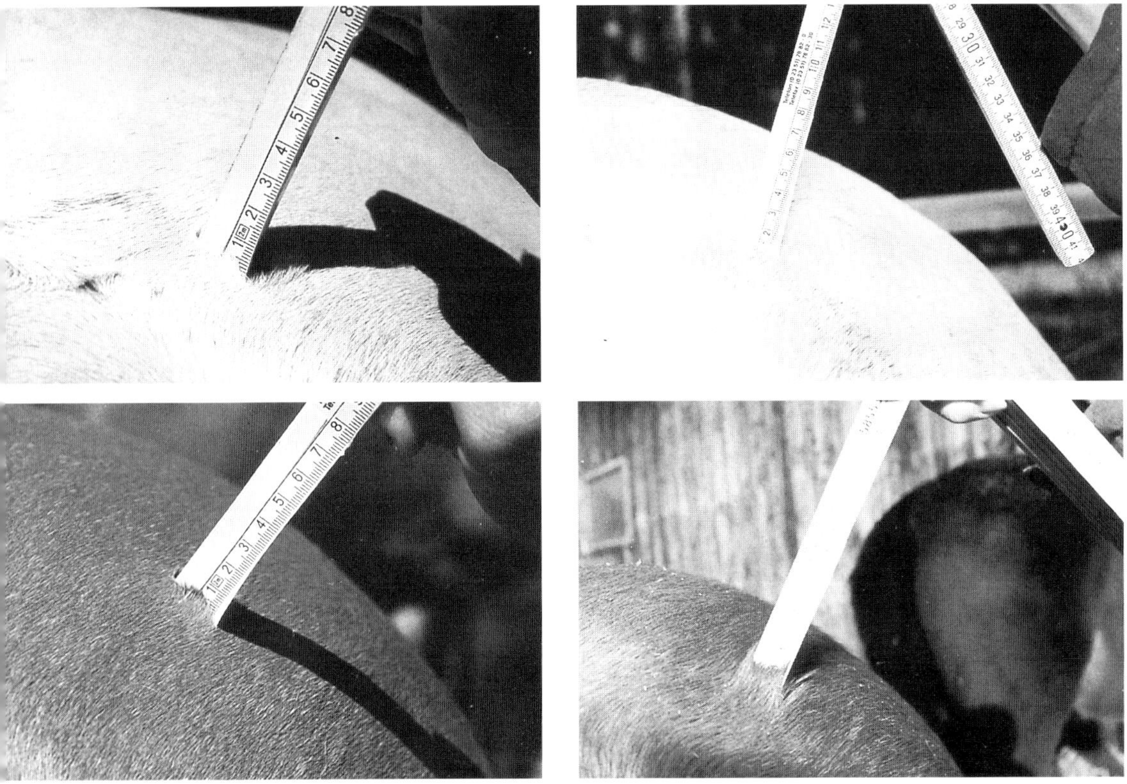

*Die Länge des Haarkleides verschiedener Pferde wurde im Sommer und im Winter gemessen. Links ist das Haarkleid im Sommer abgebildet, rechts das Winterfell. Der Andalusier-Hengst (oben) hatte im Winter lediglich einen Haar-Zuwuchs von zwölf Millimetern, während das Winterfell des Haflinger-Wallachs (unten) im Winter drei Zentimeter länger war als im Sommer. Trotz dieser ziemlich großen Unterschiede hat selbst in strengen Wintern keines der Pferde jemals gefroren oder eine Decke umgelegt bekommen.*

## Das Pferd als Frischluftler

*„Trinker der Lüfte"* – so wurden die Wüstenpferde von ihren Besitzern schon vor langer Zeit liebevoll bezeichnet. Nicht zu Unrecht, denn die Pferde müssen die Luft geradezu einsaugen, wenn sie vor ihren Feinden erfolgreich fliehen wollen – im wilden Galopp, über Stock und Stein, bergauf und bergab. Nur ein von der Natur perfekt konstruierter „Luftaustauscher" kann diese Leistung vollbringen.

Ausdauer ist gefragt, und die bekommt man bekanntlich nur dann, wenn die Muskeln und der gesamte Bewegungsapparat ständig mit dem entsprechenden „Kraftstoff" versorgt werden können.
Über die Atemluft muß deshalb zunächst Sauerstoff in die Lunge gelangen, wo der Austausch mit Kohlendioxyd er-

folgt. Diese Atemluft wird in die Nasenhöhle eingesogen, dort erwärmt und durch die Schleimhäute angefeuchtet und gereinigt, bevor sie über Kehlkopf und Luftröhre in die Lunge gelangt. Dieser Vorgang, der hier nur grob und kurz beschrieben wurde, findet normalerweise circa zehnmal pro Minute statt. Bei Bedarf – etwa im schnellen Galopp – kann das Pferd diese Intervalle auf das Zehnfache, also auf 100 Atemzüge pro Minute, steigern. Welch enorme Leistung!

Das Blut, in der Lunge mit Sauerstoff zu einem „Super-Kraftstoff" aufbereitet, wird von hier mittels einer hochleistungsfähigen „Pumpstation" ständig weitertransportiert, um den ganzen Körper mit der nötigen Energie versorgen zu können.
Das Herz, das sich in Jahrmillionen zu dieser leistungsfähigen „Kraftstoff-Pumpe" entwickelt hat, versorgt nun alle schwer arbeitenden Muskeln und Organe des gerade auf der Flucht dahinfliegenden Pferdekörpers mit all den „Blutsäften", die er in dieser lebenswichtigen Phase so sehr benötigt. Zuverlässig, problemlos und ausdauernd – und das bei bis zu 200 Pulsschlägen pro Minute!

Ein Frischluftler ist nun mal auch dem Sonnenlicht ausgesetzt, das großen Einfluß auf seine Körperfunktionen hat. So wird durch die UV-Strahlen die Vitamin-D-Bildung

### *„Technische" Daten:*

- *Normale Körpertemperatur: 37,5 bis 38,5 Grad Celsius*
- *„Außenverkleidung": Je nach Saison wechselbar, mit weichen bis harten Haaren, die so ausgerichtet sind, daß immer das Wasser vom Körper weggeleitet wird und deshalb die Haut schnell trocknet.*

### *Die tägliche „gute Tat"*

*Nach wie vor verabreichen viele Pferdebesitzer ihren leidenden Tieren lieber Hustenpulver, als daß sie sie in einen Offenstall stellen würden, zu dem sie zehn Minuten länger fahren müßten. Dann würde nämlich ein Großteil der Fürsorge-Notwendigkeit wegfallen, und man könnte für sein Pferd gar nichts „Gutes" mehr tun – zum Beispiel, indem man ihm täglich teures Hustenpulver gibt.*
*Offenstall: Wie schade fürs Gemüt des Besitzers, aber wie gut für die Gesundheit des Pferdes …*

*Winterkälte bereitet den Pferden keine Probleme. Sogar neugeborene Fohlen können damit umgehen. Das abgebildete Fohlen kam bei Minusgraden in einem Laufstall auf die Welt.*

*Pferde brauchen Licht und Luft: Während auf dem Bild links mit „abenteuerlichen“ Methoden versucht wird, die Pferde vor frischer Luft zu „schützen“, zeigt die rechte Aufnahme, wie man Pferden mittels eines aufgespannten Tarnnetzes kühlenden Schatten spenden kann.*

(wichtig für den Kalzium-Phosphor-Stoffwechsel) gefördert. Lichtreize steuern über das Zwischenhirn durch die Hypophyse (Hirnanhangdrüse) den gesamten Hormonhaushalt, und sie haben großen Einfluß auf die Epiphyse (Zwirbeldrüse), die zum Beispiel für die Bildung roter Blutkörperchen, den Wechsel des Felles oder die Regulierung der Geschlechtsvorgänge zuständig ist.

## Die Nutzung des Pferdes

Vor Tausenden von Jahren nutzte der Mensch das Pferd als Lieferant von Fleisch und Milch. Später begann er es zu züchten und für die Jagd auf andere Tierarten heranzuziehen.
Eroberungsfeldzüge durch ganze Landstriche und Erdteile wären ohne das Pferd nicht durchführbar gewesen, und auch das modernere Militär nutzte das Pferd als Zugpferd für die Kanonen weidlich aus. Daneben diente das Pferd dem Menschen in der Landwirtschaft, zum Transport von Gütern und Personen und sogar bei der Kohleförderung unter Tage.
Pferderennen und Pferdeschauen in der Zirkuswelt lockten und locken viele Menschen an, und stets konnte man die enorme Leistungsbereitschaft der Pferde bewundern. Ganz klar, daß man dies auch zu sportlichen Zwecken nutzte: Bald gab es neben den Rennveranstaltungen auch solche für Fahren, Dressur, Springen und „Military“, wie die Vielseitigkeitsprüfung genannt wurde, fürs Jagdreiten oder für Pferdespiele wie zum Beispiel Polo.

### *„Technische“ Daten:*

***„Luftaustauscher“ Lunge:***
- *Luftmenge pro Atemzug: fünf Liter*
- *Atemzüge in Ruhe: circa zehn bis 14 pro Minute*
- *Atemzüge im Trab: circa 50 pro Minute*

***„Pumpstation“ Herz:***
- *Pulsschläge in Ruhe: circa 32 bis 45 pro Minute*
- *Pulsschläge im Trab: circa 80 pro Minute*

***„Kraftstoff“ Blut:***
- *Menge gesamt: circa 40 Liter*

Nach dem Zweiten Weltkrieg mit seinen schrecklichen Verlusten – auch unter den Pferden – gestaltete sich das Pferdedasein wie eh und je, bis plötzlich in den 50er Jahren das Pferd durch den Traktor im wahrsten Sinne des Wortes aus dem Verkehr gezogen wurde. Die Anzahl der Pferde ging nun rapide zurück, und dieser Trend wurde erst aufgehalten, als sich der Mensch wieder auf das Pferd als solches besann – nicht als Arbeitstier und nicht als bloßes Sportgerät.
Für die Pferde brachte dieser Umbruch gewisse Vorteile mit sich, denn die Haltung der Tiere wurde nun nicht mehr hauptsächlich unter wirtschaftlichen Gesichtspunkten betrieben. So wurden Pferde, die man zuvor üblicherweise in Ständern gehalten hatte, mehr und mehr in Boxen umquartiert – logischerweise auch in Erwartung größerer Leistungsbereitschaft ... Die Ställe wurden insgesamt geräumiger, heller und freundlicher.

Vor circa 30 Jahren begann ganz leise und zaghaft ein neues Empfinden für das Pferd und um das Pferd herum zu wachsen. Man wollte zwar immer noch den Sport, aber nicht mehr um jeden Preis! Das vorrangige Ziel lag nun nicht mehr darin, das Pferd durch Unterwerfung scheinbar zu beherrschen, sondern darin, es als Partner für die Freizeit zu gewinnen.

### *Bedeutungsvolles Licht*

*Das bei uns eingestellte Pferd Raffael erblindete auf beiden Augen. Seit seiner Kindheit war der Wallach in Laufställen untergebracht. So auch nach seiner Erblindung, nun allerdings in einer Laufbox. In der ersten Wintersaison nach seiner Erblindung bemerkten wir, daß er zunächst überhaupt kein Winterfell bekam. Das kurze, glatte Sommerfell wollte einfach nicht weichen. Trotzdem fror Raffael keinen einzigen Tag, obwohl häufig Minusgrade zu verzeichnen waren. Nach Wochen des aufmerksamen Wartens bemerkten wir endlich den Haarwechsel, der dann normal vonstatten ging, wenn auch das Fell insgesamt nicht besonders dick ausfiel. Im Frühjahr spielte sich der Vorgang umgekehrt ab: Das Winterfell hielt sich hartnäckig und blieb auch den ganzen Sommer über größtenteils erhalten. Ein eindeutiger Beweis dafür, wie wichtig die Lichtreize für viele Körperfunktionen sind!*

*Die Umstellung von der Ständerhaltung auf die Boxenhaltung brachte für die Pferde einige Vorteile mit sich: Hier sind freundliche Boxen ohne Gitteraufsatz zu sehen, die einen direkten Kontakt zum Nachbarn erlauben.*

***Der Tierarzt – täglich nötig?***

*An einem Podiumsgespräch während einer Pferdemesse nahm ein Pferdehalter teil, der einen neuen, großen Pensionsbetrieb mit circa 60 Pferden betreibt. Er wurde von einem Zuhörer gefragt, ob hier jeder Pferdebesitzer „seinen" Tierarzt bestellen dürfe oder ob der Pferdehalter einen bestimmten Arzt für alle untergestellten Pferde bestimme.*
*Die Antwort: „Mir ist das gleich, wer welchen Tierarzt bevorzugt. Und außerdem stellt sich dieses Problem selbst in akuten Fällen kaum, weil bei uns sowieso täglich mindestens ein Tierarzt etwas zu tun hat!" Anscheinend fiel den ungefähr 100 Zuhörern gar nichts auf, denn keiner fragte nach, ob denn wirklich täglich ein Arzt erforderlich sei.*
*Ich kenne jedenfalls Betriebe mit artgerechter Haltung und mit mehr als 60 Pferden, zu denen manchmal wochenlang kein einziger Tierarzt kommen muß!*

Weil dieser Wunsch bei der „herrschenden Pferdeklasse" und deren Züchtern auf taube Ohren stieß, wichen sehr viele Pferdenarren auf sogenannte Exoten aus. So konnten sich die Isländer, die Westernpferde und all die anderen bis dahin seltenen Rassen rasend schnell verbreiten. In dieser „neuen" Pferdeszene war alles leichter, herzlicher, pferdegerechter, hautnaher – genauso, wie man es sich vorstellte. Und man entdeckte sogar, daß der gezielte Einsatz von Pferden auch bei der Therapie von kranken Menschen einen sehr heilenden Einfluß haben kann.
Endlich bekam die Pferdehaltung einen gewaltigen Anschub in die artgerechte Richtung. Allen voran versuchte Ursula Bruns mit journalistischem Geschick, unglaublicher Energie und fachlich fundiertem „Erfindergeist" die Pferdeleute wachzurütteln. Ihr Einsatz war enorm und aufreibend zugleich, der Erfolg bei den kleinen Pferden und besonders bei „ihren" Isländern sehr groß und die Idee des Offenstalles dort bald mehr als nur „in" – sie wurde auch in die Tat umgesetzt.

Doch wie es im Leben eben oft ist – die Entwicklung ging unversehens in eine Richtung, die so sicherlich nicht gewollt war. Plötzlich wurden die Familien-Isländer zu teuren Töltmaschinen umgetrimmt und die Westernpferde dreijährig durch Riesengeldpreise in entsprechenden Prüfungen mehr oder weniger „verheizt". Auch im eigentlich so fairen Distanzsport traten plötzlich hie und da bemerkenswerte „Ausfälle" auf.
Dies alles entsprach nicht mehr den Grundgedanken der Freizeitreiterszene, und so setzte vor Jahren eine weitere Welle von Pferdebegeisterung ein. Sie erfaßte die „echten" Pferdeliebhaber – Menschen, denen es wirklich um die Pferde und nicht um Siege, Geld und/oder Ansehen ging. Diese Leute wollten sich ein Pferd um seiner selbst willen anschaffen und es vielleicht auch noch selbst halten, auf einem gepachteten Bauernhof, in einer Scheune auf der Wiese oder „hinterm Haus".
Die Zahl dieser Menschen ist in den letzten zehn Jahren rapide angestiegen. Was sie besonders auszeichnet, ist, daß sie sich nicht nur oberflächlich mit dem Wesen Pferd beschäftigen, sondern versuchen, auf allen Gebieten rund um das Pferd das notwendige Wissen und die entspre-

chende Praxis für den Umgang mit ihren vierbeinigen Lieblingen zu bekommen.
Eine wirklich große Chance für das Pferd, wie ich meine, denn endlich haben die Menschen entdeckt, daß Pferde „anders“ (als eingesperrt) zu halten sind. Die umfangreichen Bemühungen um die Pferde werden von diesen dankbar entgegengenommen, was sich durch die verschiedensten positiven Entwicklungen zeigt – auch zur Freude des Halters!

### *Erst der Mensch und dann das Pferd?*

*Vor Jahren wurde ich von drei Damen knallhart „aufgeklärt“. Sie wiesen mich nämlich darauf hin, daß schließlich nicht die Pferde das monatliche Pensionsgeld bei mir abliefern würden, sondern deren Besitzer. Mit anderen Worten: In erster Linie müßte ich mich um die Pferdebesitzer kümmern, damit diese sich wohl fühlten, dann erst könnte ich mich dem Wohlergehen der Pferde widmen! Da dies aber in unserem Stall anders laufen würde, sähen sich die drei Damen leider „gezwungen“, die Pension ihrer vier Pferde zu kündigen.*
*Das saß! Und neben dem schmerzlichen Gefühl bedeutete dies für uns einen großen finanziellen Verlust.*

### Erfolg um jeden Preis?

In der Süddeutschen Zeitung vom 26. August 1996 konnte man lesen, daß das Olympia-Gold-Pferd Jus de Pommes drei Wochen nach seinem fulminanten Sieg in Atlanta in einer Tierklinik in Deutschland eingeschläfert werden mußte. Eine Magen-Darm-Infektion soll zum Tode geführt haben.
Dabei wurde bekannt, daß bei Jus de Pommes schon seit über zwei Jahren Probleme mit dem Magen-Darm-Trakt aufgetreten wären, man dies aber mit Medikamenten immer gut im Griff gehabt hätte – so der belgische Haustierarzt. Klimawechsel, Sporteinsatz und Reisestrapazen hätten nun wohl dazu geführt, daß die Medikamente diesmal die Magen-Darm-Entzündung nicht mehr unterdrücken konnten, meinte der Arzt.
Zwei Jahre im Hochleistungssport – mit oder durch Medikamente!?

*Wir tragen die Verantwortung für unsere Pferde. Befreien wir sie also aus ihren Gefängnissen!*

# Gedanken und Visionen rund um die natürliche Pferdehaltung

*Freiheit, die ich meine!*

*„Laßt die Pferde raus, pferdammt noch mal!" Unter dieser Überschrift erschien 1988 im „Bio"-Magazin ein Artikel über unsere Haltung auf Gut Wildschwaige. Die Zeichnung fand ich in einer Zeitschrift und kaufte sie dem Künstler für unsere Zwecke ab. Mittlerweile ist der „Häftling" ein sehr beliebtes LAG-Info-Blatt für Veranstaltungen oder Anschlagtafeln in Reitställen geworden.*

*Laßt die Pferde frei, pferdammt noch mal!*

*Alarmierende Zahlen*

*Auf einem Pferdehaltungs-Seminar der LAG meinte Dr. M. Siebert, der eine eigene Pferdeklinik betreibt, daß nach seinen Beobachtungen bereits 90 Prozent aller Reitpferde atemorgangeschädigt sind. Hochschulen sprechen von circa 80 Prozent, und der FN-Tierarzt Dr. Düe schreibt in St. Georg 4/95, daß etwa 60 Prozent aller Pferde Schäden am Atmungsapparat aufweisen.*

## Ein Leben im Pferde-Gefängnis?

Das Pferd ist ein Lebewesen wie der Mensch auch. Wir sollten es deshalb alleine schon aus ethischen Gründen entsprechend behandeln – ihm also seinen Lebensbereich nicht rauben beziehungsweise diesen wenigstens nicht zu sehr einschränken und es respektvoll behandeln.
Das Pferd als hochspezialisiertes Lauftier darf nicht in eine isolierte Box eingesperrt werden, weil dies aufgrund seines Wesens und seiner Bedürfnisse einer absoluten Inhaftierung gleichkommt. Unter einer solchen Haltung leiden die Pferde mindestens so stark wie Menschen, die im Gefängnis einsitzen müssen.
Die Natur hat dem Pferd sämtliche nur erdenklichen Rüstzeuge mitgegeben, um mit allen Widrigkeiten gut fertig werden zu können. Pfuschen wir der Schöpfung doch nicht dauernd ins Handwerk! Geben wir dem Pferd die ihm zustehende Chance, daß es alleine mit den Herausforderungen seiner Umwelt zurechtkommt.

## Verantwortungsbewußtsein ist gefragt

In den letzten Jahren hat der Mensch die manchmal sehr schmerzliche Erfahrung machen müssen, daß er mit den Kostbarkeiten dieser Erde zu frevelhaft umgegangen ist. Man hat ganz einfach die grundlegenden Naturgesetze „übersehen" und bekam zum Beispiel mit vergifteten Flüssen und Seen prompt die teure Quittung.

Solche Erfahrungen aus anderen Bereichen sind auch auf unseren Umgang mit dem Pferd übertragbar. Der Mensch hat sich jahrzehntelang über die Bedürfnisse des Pferdes hinweggesetzt – unter anderem mit dem Ergebnis, daß das Durchschnittsalter eines deutschen Reitpferdes bei nur noch circa siebeneinhalb Jahren liegt, obwohl die Tiere doch leicht 30 Jahre alt werden könnten.
Eine umfangreiche Studie einer Versicherungsgesellschaft hat nach Untersuchung von über 10.000 Reitpferde-Vorfällen gezeigt, daß Schädigungen am Bewegungsapparat der Pferde die häufigste Todesursache sind, gefolgt von Erkrankungen des Atmungsapparats und des Magen-Darm-Traktes.

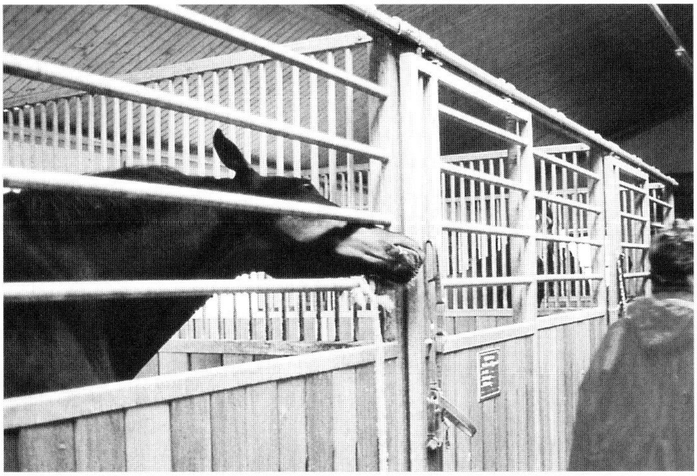

*Sehnsucht nach draußen ...*

Seit Jahrzehnten leben wir über unsere Verhältnisse und müssen nun, ob wir wollen oder nicht, den aufgeblähten Sozialstaat drastisch abbauen. Krankengelder und Kuren werden stark gekürzt – das heißt, wir müssen versuchen, möglichst lange gesund zu bleiben, um nicht viel Geld bezahlen zu müssen. Vorbeugen ist angesagt!
Gleiches gilt logischerweise auch für das Pferd. Wenn sich unser Liebling rundherum wohl fühlt, wird er ganz bestimmt weniger gesundheitliche Störungen bekommen. Wir sollten deshalb vorbeugend genau auf das artgerechte Wohlbefinden achten, denn seelische und körperliche Fitneß verringern das Krankheitsrisiko beträchtlich.
Dadurch hat auch der Mensch selbst große Vorteile, denn gesunde und zufriedene Pferde sind arbeitsfreudiger, leistungsbereiter, sicherer und umgänglicher.
Als *Pferdeliebhaber* sollten wir dafür sorgen, daß das Pferd der Menschheit in seiner ganzen Vielfalt erhalten bleibt – wobei die Erhaltung nicht durch Stagnation, sondern durch Zuwachs erfolgt! Und die Voraussetzung dafür ist, daß es so gehalten wird, wie es seiner Natur entspricht.
Als *Menschenliebhaber* sollten wir uns bemühen, anderen Menschen sinnvolle und praktikable Wege aufzuzeigen, mit dem Pferd problemlos Kontakt aufzunehmen und auch gefahrlos mit ihm umzugehen.

## *Besser spät als nie ...*

*Dr. Wagner von der Deutschen Reiterlichen Vereinigung (FN) sagte vor Jahren schon: „Unsere Pferde stehen sich alle tot!" Doch keiner wollte das so richtig wahrhaben, nicht einmal die Führung im eigenem Hause.*
*Erst jetzt, nachdem die LAG bereits seit vielen Jahren für eine artgerechte Haltung eintritt, will die FN mit einem haargenau gleichen Programm an die Öffentlichkeit treten.*

## *Körperlich und seelisch fit*

*Wer Pferde verwöhnt, nimmt ihnen die Chance, eigene Abwehrkräfte aufzubauen, bestimmte Reaktionen einzuüben und sich körperlich fit zu halten. So sollte man Pferde zum Beispiel nicht nur auf ebenem Boden gehen lassen, sondern sie bewußt mit unterschiedlichstem Gelände konfrontieren. Indem sie sich auf die „Hindernisse" am Boden konzentrieren, schärfen sie automatisch ihre Sinne, trainieren ihren Bewegungsapparat – und so weiter. Der Rat einer Fachzeitschrift, im Gelände vorhandene Wurzeln mit Kalk deutlich zu kennzeichnen, ist eben genau der falsche Weg.*
*In diesem Zusammenhang: Das Umsetzen vieler „einfallsreicher" Angebote der Pferdeindustrie kommt einer Verhöhnung der Naturschöpfung gleich. Mit vielen Produkten, die angeblich das Wohlbefinden steigern sollen, schadet man den Pferden letztendlich nur – aber auch seinen eigenen Geldbeutel!*

*Liane Theuerkauf: „Meinem Pferd Valeska hat die Umstellung von der normalen Boxenhaltung in den Bewegungsstall ausgesprochen gut getan – und davon profitiere auch ich mit meinen sportlichen Ambitionen. Valeska besitzt die gleiche Frische wie früher, läßt sich aber jetzt wesentlich lockerer und leichter reiten und betrachtet das ganze Turniergeschehen viel gelassener. Ein echter Zugewinn, nicht nur für mein Pferd!"*

### *Gelassen und zuverlässig*

*„Natürlich" gehaltene Pferde reagieren auf Fehler oder Ungeschicklichkeiten ihrer Reiter gelassener, weil sie ausgeglichener und damit weniger schreckhaft sind. Ängstliche Reiter benötigen besonders brave, zuverlässige Pferde. Diese sind, wie man ja mittlerweile weiß, in artgerechten Haltungen häufiger zu finden als in traditionellen Stallhaltungen.*

Beides bedeutet, daß wir „neue" Menschen für das Pferd gewinnen müssen, damit der Pferdebestand weiter wächst und die interessierten Pferdeliebhaber zwischen Tieren aller Rassen wählen können. All diese Pferde sollten und können durch „natürliche", artgerechte Haltung problemlos zu handhaben sein.

## Gesellschaftliche Veränderungen

Der anstrengende, fordernde Alltag mit Beruf oder Schule, Haushalt und so weiter bringt es mit sich, daß man in seiner wohlverdienten Freizeit hauptsächlich Spaß und Entspannung haben möchte. Unnötige Anstrengung und zusätzlichen Streß lehnen die meisten Menschen mehr und mehr ab.

Ganz gleich, wie man zu dieser Entwicklung steht und ob man sie als wünschenswert betrachtet – sie ist nun mal vorhanden. Sicherlich ist es unangebracht, mit erhobenem Zeigefinger zu mahnen, daß Menschen mit einer solchen Einstellung sich eben nicht mit Pferden zu beschäftigen hätten. Erstens wird man es nicht verhindern können, und zweitens kann diesen „Marktverhältnissen" durchaus Genüge getan werden, wenn es nur dem Pferd nicht schadet.

Der Mensch ist beweglicher, unabhängiger und vielseitiger geworden. Die immer längere Freizeit bringt neue Möglichkeiten der Erkundung mit sich. Waren es zum Beispiel vor wenigen Jahrzehnten nur ein bis zwei Sportarten, die man ohne großen Aufwand betreiben konnte, so bieten sich den Jugendlichen von heute wesentlich mehr sportliche Varianten und viele andere Freizeitaktivitäten, die es damals noch gar nicht gab.

Das bedeutet ganz sicher, daß die Pferdebesitzer in Zukunft ihre Freizeit noch mehr aufteilen und diese nicht nur und ausschließlich für ihr Pferde-Hobby verwenden werden. Insgesamt wird also weniger Zeit für das Pferd zur Verfügung stehen.

Neben der zunehmenden Vielseitigkeit in der Freizeitgestaltung spielt hier ein weiterer Trend ein große Rolle: Ganze Bevölkerungsgruppen kommen aus einer ständigen Überlastung nicht mehr heraus – ob es sich nun um Mana-

ger oder um Hausfrauen handelt. Sie haben nicht genug Zeit, um sich intensiv mit dem Pferd zu beschäftigen, wollen sich aber trotzdem gerne wenigstens ab und zu mit den Vierbeinern befassen.
Eine weitere Gruppe stellen die behinderten Menschen dar, die sich aus den unterschiedlichsten Gründen ebenfalls nicht ständig mit dem Pferd beschäftigen können zum Beispiel, weil nicht immer Begleitpersonen zur Verfügung stehen. Sie suchen dennoch den Kontakt zum Pferd oder brauchen ihn oft sogar dringend – auch für sie sind Modelle gefragt, die eine flexible Zeitplanung ermöglichen.

Für all diese Gruppen gilt es Pferdehaltungsformen zu entwickeln und anzubieten, die optimal auf die Pferde und deren Nutzungsarten, aber gleichzeitig auch auf die Interessen der Besitzer zugeschnitten sind.

Unsere kränkelnde Umwelt braucht in jeder Hinsicht Unterstützung, damit sie nicht noch mehr aus dem Gleichgewicht gerät. Da sind zum Beispiel die Belastungen des Bodens, des Grundwassers und der Luft durch Ammoniak (enthalten im Tierharn und -dung). Würden Weiden, auf denen derzeit noch Rinder grasen, durch Pferde genutzt, so könnten hier Verbesserungen erzielt werden, denn das Pferd verursacht nur halb so viel Ammoniak wie das Rind. Auf der anderen Seite könnte auch der Pferdebesitzer zur Umweltschonung beitragen, wenn er beispielsweise nur alle zwei Tage mit dem Auto zu seinem Pferd auf den 30 Kilometer entfernten Bauernhof fahren würde.

Tierschutz ist kein Schlagwort, sondern eine grundsätzliche Einstellung, die sich doch relativ rasch verbreitet. Noch vor wenigen Jahren hätte man es zum Beispiel nicht für möglich gehalten, daß es einmal einen Zirkus ohne Tiere geben würde!

Heute sind selbst große Zirkus-Unternehmen gefährdet, weil die Zuschauer die Tiernummern als nicht mehr zeitgemäß ansehen. Dagegen haben Zirkusse, die ihre Programme ganz ohne Tiere gestalten, überall auf der Welt enormen Zulauf.

### *Unbegrenzte Kilometerzahl*

*Der bekannte Pferdefachtierarzt Dr. Helmut Ende stellt auf seiner großen Equitana-Demonstration immer die Frage: „Welche Kilometerleistung hat ein Auto, welche ein Pferd?" Seine Antwort: „Beim Auto sind es 300.000 Kilometer, beim Pferd ist die Kilometerzahl unbegrenzt!"*
*Und zwar deshalb, erläutert Dr. Ende, weil ein „natürlich" gehaltenes Pferd durch Regeneration zum Beispiel der Knorpel seine „Lager" (um im Auto-Jargon zu bleiben) stets selbst erneuern kann. Tägliche ausreichende Bewegung ist daher lebensnotwendig. Nur dadurch werden die verschiedensten „Schmierölpumpen" des Pferdes in Betrieb gesetzt, die nun stets dafür sorgen, daß zum Beispiel die Gelenkflüssigkeiten regelmäßig ausgetauscht werden oder die Hufmechanik einwandfrei funktioniert.*

### *Pferdepflege à la nature*

*Pferde sind, werden sie nur ihrer Art entsprechend gehalten, relativ „pflegeleicht"! Die angeborenen Reinigungs- und Pflegemechanismen der Pferde nehmen uns sehr viel Arbeit ab.*
*Das Wälzen in Sand- oder Schlammlöchern beispielsweise wirkt stimulierend und entspannend, massierend, reinigend und oft auch insektenabweisend.*

## Erfahrungen aus der Praxis

Jahrelange genaue Beobachtungen in unseren Ställen zeigten immer wieder, was auch von anderer Seite festgestellt wurde: Kälte kann den Pferden überhaupt nichts anhaben! Im Gegenteil – sie fühlen sich weit wohler als bei großer Hitze. Allerdings ist der Energieverlust bei Kälte größer, da der Wärmeverbrauch des Körpers steigt. Dieses Energiedefizit muß durch entsprechende Zufütterung ausgeglichen werden.

Gleiches gilt für die Luftbewegungen, die meist fälschlich als Zugluft bezeichnet werden. Vorwiegend handelt es sich nämlich um „Winde", also Luftströme, die auf dem gesamten Pferdekörper auftreffen. Na, und die können den artgerecht gehaltenen Pferden ja wirklich nichts anhaben! Als Steppenbewohner wissen sie damit bestens umzugehen: dem Wind entgegenstellen, Kragen hochklappen (Haare aufstellen) und die Luft am Körper vorbeistreichen lassen ... Meist ist es nur für uns Menschen unangenehm, kühl oder zugig, so daß wir dann falsche Rückschlüsse auf unsere „armen" Pferde ziehen.
Daß die eine oder andere Pferderasse für die „natürliche" Haltung nicht oder weniger geeignet wäre, konnten wir in unserer jahrelangen Praxis nicht feststellen.

Auf Gut Wildschwaige wurden und werden beispielsweise folgende Rassen „offen" gehalten: Andalusier, Araber, Criollo, Friese, Haflinger, Huzule, Isländer, Kaltblüter, Noriker, Paint, Tersker, Traber, Trakehner, Shetländer, Vollblüter, sämtliche deutschen Warmblüter, Maultier und Esel.

Wir haben die einzelnen Gruppen nicht nach Stuten und Wallachen getrennt und damit gute Erfahrungen gemacht. So entstanden zum Beispiel zwischen Stuten und Wallachen jahrelange Freundschaften.
Immer wieder konnten wir feststellen, daß nasse oder naßgeschwitzte Pferde auch an extrem kalten Tagen keinerlei Probleme bekamen. Allerdings achteten wir dabei immer sehr genau darauf, daß die einzelnen Haare nicht dicht an die Haut „angeklebt" wurden – was zum Beispiel passieren kann, wenn sie mit dem Schweißmesser angedrückt

### *Zeitgemäße Pferdehaltung*

*Schon jetzt bringt die artgerechte Pferdehaltung erhebliche Vorteile für die Pferdebesitzer: Man „muß" nicht täglich zu seinem Pferd! Dadurch kann man Fahrtkosten sparen, sich aber auch Zeit für andere Dinge nehmen, ohne dabei ein schlechtes Gewissen haben zu müssen. Endlich kann man nun sein Pferd auch selbst halten/versorgen, ohne ständig angebunden zu sein. Feste Fütterungszeiten müssen nicht mehr so streng wie bei der Boxenhaltung eingehalten werden – durch Weidegang und Vorratsfütterung wird man unabhängiger!*

### *Keine „Garagenpferde" mehr!*

*Pferdeleute sollten den Tierschutzgedanken voranstellen – schon alleine, um anderen Gruppen den Wind aus den Segeln zu nehmen. „Was, Sie halten Ihr Pferd noch in einer Box!?" sollte die übliche, anklagende Frage an jeden sein, der sein Pferd noch immer in einer Innenbox ohne Auslauf hält. „Boxenhaft" bedeutet nun mal meist den unnötig frühen Tod des Pferdes! „Garagenpferde", also Pferde, die wie ein Auto gehalten und benutzt werden, sollten bald nicht mehr anzutreffen sein!*

*Begrüßung an einem Wintermorgen: Pferde kommen mit Kälte spielend zurecht.*

werden. Die Haare müssen sich frei aufstellen können, um genügend Luftraum für die Wärmeisolierung zu schaffen.

Mit der Videokamera beobachtete ich vor vielen Jahren einmal einen halben Tag lang Pferde, die einen ausreichend großen Auslauf hatten. Erst bei dieser Gelegenheit erkannte ich plötzlich, daß sich die Tiere kaum bewegten. Ich hatte zwar ganz tolle Aufnahmen von wilden Jagereien und richtigen Kampfspielen „im Kasten", doch die meiste Zeit dösten die Pferde einfach vor sich hin.

### *Kälte macht nicht krank*

*Der Pferdefachtierarzt Dr. Maximilian Pick berichtet: „In meiner langjährigen Praxis ist nie ein Pferd durch Kälte erkrankt, auch bei extremen Belastungen nicht. Ein Klient von mir mußte zum Beispiel einmal vor Jahren unverhofft mehrere Polopferde, die mit dem Flugzeug aus dem sommerlichen Argentinien ankamen, aufnehmen. Ein ausreichend großer, warmer Stall war nicht vorhanden, sondern nur eine Scheune mitten in der verschneiten Winterlandschaft. Die Pferde wurden notgedrungen in diese Scheune verfrachtet – und es passierte rein gar nichts. Alle blieben gesund, keines bekam Husten!"*

*„Baden" oder „Duschen" mögen die meisten Pferde ausgesprochen gerne. Die abgebildeten Pferde gehen freiwillig zum Schwimmen, und zwar im Mai bei Wassertemperaturen von circa zwölf bis 15 Grad. Sie wurden hinterher nicht abgetrocknet – und sie leben alle noch und bekamen keinerlei Erkältung!*

> ### *Schwimmvergnügen bei jedem Wetter*
> *Wir haben auf unserem Grundstück einen kleinen Kiesbaggersee, durch den manche Pferdebesitzer ihre Pferde schwimmen lassen. Dabei spielt die Saison keine Rolle, die Pferde gehen von sich aus ins Wasser. Die Aufnahme auf Seite 45 wurde im Mai bei einer Wassertemperatur von circa 13 Grad gemacht. Die Pferde werden auf einer Seite an den Rand des Sees geführt und schwimmen dann, ohne getrieben zu werden, ans andere Ufer. Am Land angekommen, schütteln sich manche ab und zu, andere nicht – und das war's. Kein Abreiben, kein Trockenführen. Noch nie ist ein Pferd daraufhin krank geworden!*

Um beurteilen zu können, ob und wieviel sich Pferde bewegen, muß man den ganzen Tag berücksichtigen und nicht nur auf Momente achten, in denen ein Tier zum Beispiel gerade eine kurze Balgerei anzettelt. Auf 24 Stunden bezogen, sind halt solche Bewegungsaktivitäten einfach zu wenig. Was machen schon fünf Minuten, die wir beim Zuschauen ja schon als sehr lange empfinden, gegenüber den 1440 Minuten des ganzen Tages aus? Gerade mal 0,3 Prozent!
Noch schlimmer sieht es selbstverständlich bei der Einzelhaltung mit Auslauf aus, da die Pferde sich ja hier nur über oder durch den Zaun gegenseitig „antreiben" können.

Der Arbeitsaufwand bei der „natürlichen" Haltung ist enorm und manchmal, bei kalter und regnerischer Witterung, auch sehr unangenehm. Trotzdem wird in der Fachliteratur nach wie vor behauptet, daß zum Beispiel bei der Offenstallhaltung der Arbeitsaufwand im Vergleich zur Boxenhaltung um mehr als 50 Prozent reduziert wird. Verglichen werden bei solchen Berechnungen die folgenden Arbeiten:

- Füttern
- Entmisten
- Einstreuen
- Kehren
- Sonstiges

Diese Tätigkeiten fallen tatsächlich bei beiden Systemen an. Trotzdem sind hier erhebliche Bedenken angebracht, denn die aufgeführten Arbeiten bei den beiden unterschiedlichen Systemen zu vergleichen, ist zu einfach. Es wird nämlich überhaupt nicht berücksichtigt, welche anderen, zusätzlichen Arbeiten bei den beiden Systemen noch so anfallen.

> ### *Gesunde Luft*
> *Pferdefachtierarzt Dr. Maximilian Pick, der vor Jahren in München die Gruppe Pferdeschutz im Pferdesport gründete, predigt seit ewigen Zeiten: „Zugluft schadet nicht!" Mit Zugluft ist dabei gemeint, daß Stalltüren und Fenster geöffnet sind und die Luft durch den Stall „zieht" oder „pfeift". Herrlich gesund!*

## Ein neues Pferd im Stall

Nehmen wir einmal das Arbeits-Beispiel „Neues Pferd in Stall aufnehmen" unter die Lupe.
Bei der Boxenhaltung (Einzelhaltung) ist das relativ einfach, denn das Pferd wird, eventuell sogar noch vom Besitzer, in die vorbereitete Box hineingeführt, losgelassen, und

*Bewegung ist nicht gleich Bewegung: Der tiefe Trampelpfad entlang des Zaunes zeigt, daß bei dieser Haltung etwas nicht stimmt. Offensichtlich sehnt sich das Pferd nach Artgenossen.*

die Boxentür wird geschlossen. Meistens war das denn auch die ganze Arbeit, abgesehen davon, daß die Nachbarschaft vielleicht einen „Riesenaufstand" veranstaltet, der aber normalerweise schnell abklingt.
Bei der Offenstallhaltung (Gruppenhaltung) ist dieser Vorgang zunächst ähnlich, denn üblicherweise kommt das neue Pferd vorübergehend in eine Box, eventuell in eine spezielle Eingewöhnungsbox. So kann man das Pferd zunächst kennenlernen und auch eventuelle Eigenarten oder Krankheiten entdecken – alles Dinge, die bei der Gruppenhaltung wesentlich wichtiger sind als bei der Einzelhaltung. Dann aber beginnt ein umfangreiches Integrationsprogramm, das sich über viele Wochen hinziehen kann und unglaublich arbeitsaufwendig ist. Erst wenn diese Eingewöhnungsphase abgeschlossen ist, ist der Zustand erreicht, der bei der Einzelhaltung nach Schließung der Boxentür eingetreten war.

Der aufgeführte sehr große Arbeitsaufwand beim Integrieren der Pferde wird nirgends in der Fachliteratur erwähnt, wenn es um Arbeitsvergleiche geht.
Und noch etwas fällt in diesem Zusammenhang auf. Zwar wird richtigerweise überall geschrieben, daß der Pferdehalter und das Personal für eine Gruppenhaltung wesentlich mehr Sachverstand mitbringen müssen, doch auch dieser Aspekt schlägt sich nicht in den Vergleichszahlen

**Keine grundlosen Aktivitäten**

*Prof. Dr. Joachim Piotrowski von der Bundesforschungsanstalt in Braunschweig stellte bei entsprechenden Versuchsreihen fest, daß Pferde sich im wesentlichen nur dann bewegen, wenn ein Grund vorhanden ist – also zum Beispiel, um zum Futterplatz zu gelangen.*

**„Technische" Daten:**

*Die Luftströmungsgeschwindigkeit soll größer als 0,1 Meter pro Sekunde sein. „Echte" Zugluft ist eine Luftströmung, die etwas kälter ist als die Umgebungsluft und die partiell, also nur in kleinen Teilbereichen, auf den Pferdekörper auftrifft.*

*Ein winterlicher „Ausflug"*

*Zwölf Pferde machten einmal an einem bitter kalten Sonntagmorgen im Februar einen „Ausflug" – die Stalltür war versehentlich offen geblieben. Meine Vollblutstute übernahm die Führung, und im wilden Galopp wurde auf der Landstraße ausprobiert, wer wohl der Schnellste sei. Wir fuhren mit dem Auto hinterher, um wenigstens den jeweiligen „Standort" zu kennen – schließlich konnten wir eh nicht viel ausrichten. Nach circa drei Kilometern kehrte die Meute um (was wir vermutet und gehofft hatten), bretterte im gleichen Tempo heimwärts und fand sich geschlossen wieder im Stall ein. Alle waren total außer Atem und schwitzten natürlich entsprechend.*
*Was tun? Zwölf Pferde – und es waren nur zwei Personen anwesend. Es war also unmöglich, alle Pferde irgendwie trockenzuführen. So entschlossen wir uns denn ganz bewußt, überhaupt nichts zu machen. Schließlich waren wir ja davon überzeugt, daß unsere Pferde widerstandsfähig genug wären, solche Umstände „wegzustecken".*
*Und es war auch so: Die meisten wälzten sich in der Einstreu, andere bewegten sich durch den Auslauf und gingen zu den Futterstellen oder tranken aus dem Tränkeautomat. Es passierte rein gar nichts; nach kurzer Zeit konnte man den Pferden nicht einmal mehr ansehen, daß sie einen „rasenden" Ausflug hinter sich hatten. Keines wurde danach krank ...*

nieder. Meines Erachtens kann daher nur das gesamte jeweilige Haltungs-System, in dem alle Pferde täglich gleich gut versorgt werden, zum Vergleich herangezogen werden. Ein solcher Vergleich könnte dann wie der folgende aussehen, wobei für beide Systeme vom Winterbetrieb ohne Weide ausgegangen wurde.

*Arbeitsvergleich*

| *Einzelhaltung Innenboxen* | *Gruppenhaltung Offenstall* |
|---|---|
| *Von den Pferden werden beansprucht:* | |
| *Boxen und Stallgasse* | *Offenstall und Auslauf mit festem und weichem Untergrund* |
| *Folgende Arbeiten fallen an:* | |
| *Füttern* | *Füttern* |
| *Entmisten* | *Entmisten (Stall und Auslauf)* |
| *Einstreuen* | *Einstreuen* |
| *Kehren* | *Kehren* |
| | *Schnee/Eis vom Auslauf entfernen* |
| | *weichen Auslaufuntergr. ersetzen* |
| *Stall streichen usw.* | *Stall streichen usw.* |
| *Boxen reparieren* | *Stall reparieren* |
| | *Auslaufzaun reparieren* |
| *neues Pferd einstellen* | *neues Pferd einstellen* |
| *Tränker überwachen* | *Tränker überwachen, ggf. enteisen* |
| | *kleine Bißwunden usw. behandeln* |
| | *Pferde in Gruppe integrieren* |

Da die meisten Arbeiten bei der Gruppenhaltung im Freien und bei jedem Wetter erledigt werden müssen, fallen längere Arbeitswege und -zeiten an.
Sind jeweils alle aufgezeigten Arbeiten ausgeführt worden, so kann man davon ausgehen, daß die Pferde in beiden Systemen gut versorgt sind und auch, wie ja üblich, neue Pferde aufgenommen und betreut worden sind. Nur unter diesen Mindestbedingungen ist der Arbeitsaufwand bei beiden Systemen zu beurteilen.

Wenn all diese Arbeiten nun miteinander verglichen werden, bin ich ganz sicher, daß es beim zeitlichen Aufwand für beide Haltungs-Systeme keine gravierenden Unterschiede mehr gibt.

## Marktsituation und Image

Obwohl sie zweifelsfrei gesünder sind, stehen die „natürlichen" Pferdehaltungs-Formen noch immer ganz im Schatten der zahllosen Einzelboxen. Den Hauptgrund dafür sehe ich darin, daß das einmal erworbene schlechte Image der „Robustpferdehaltung", wie die artgerechte Haltung in den Gründerjahren (leider) genannt wurde, in den Köpfen vieler Pferdeleute immer noch haften geblieben ist. Damals mußte man die Offenstallhaltung gegen alle möglichen Kritiker verteidigen, und das fiel um so leichter, je mehr man betonte, daß diese artgerechte Haltung ja „nur" für die Robustpferde gedacht sei, denn die könnten mit ihrem dicken Winterpelz unsere Winter leicht aushalten.
Diese „Verkaufs-Strategie" war damals sehr richtig und geschickt. Leider sahen dann aber all diese artgerechten Pferdehaltungen optisch wenig attraktiv aus, um den Zustand – besonders im Frühling und im Herbst mit den morastigen Ausläufen – höflich zu umschreiben. Wenig Erfahrung auf diesem Gebiet und meist auch zu geringe finanzielle Möglichkeiten der Pferdehalter bringen es mit sich, daß dieser Eindruck noch bis heute größtenteils erhalten blieb. Das ist, wohlgemerkt, nur ein Grund, wenn auch ein ganz wesentlicher!
Im engen Zusammenhang damit muß – was die gewerbliche, landwirtschafltliche Pferdehaltung betrifft – ein weiterer Grund genannt werden: Eben weil das äußere Erscheinungsbild der meisten artgerechten Pensionsbetriebe nicht gerade werbewirksam ist, ist es bis heute noch nicht gelungen, auch nur annähernd die Preise veranschlagen zu können, die bei der Boxenhaltung erzielt werden.
Hier beißt sich die Katze in den Schwanz, denn auf der einen Seite sollen die Betriebe investieren, damit die „natürliche", artgerechte Haltung auch für den Menschen attraktiv wird (für das Pferd ist sie es allemal!). Auf der anderen Seite können die Betriebe dies nicht tun, weil dazu die Einnahmen einfach zu gering sind.
Das ist ein sehr bedenklicher Zustand, denn auch wenn es immer mehr Leute gibt, die ihre Pferde selbst versorgen, werden eben doch die meisten Reitpferde nach wie vor in Pensionsstallungen untergebracht – und daran wird sich sicherlich in absehbarer Zeit nicht viel ändern.

### *Vergleichbarer Arbeitsaufwand?*

*Beim LAG-Stall-Wettbewerb werden nur artgerechte Haltungen bewertet, also keine Innenboxen-Ställe. Vorab-Auswertungen der Eingaben von Pferdehaltern für den 3. Internationalen LAG-Wettbewerb ergaben, daß nach Einschätzung der Pferdehalter der tägliche Stundenaufwand zum Beispiel in Laufställen mit dem Arbeitseinsatz bei der Boxenhaltung durchaus vergleichbar ist.*

### *Falsches Preis-Leistungs-Verhältnis*

*Die meisten artgerechten Pferdepensionen müssen noch nebenberuflich geführt werden, weil man von den erzielten Einnahmen in der Regel nicht leben kann. Bei der Haltung in Innenboxen werden heute noch weit höhere Preise pro eingestelltes Pferd erzielt als zum Beispiel bei der Gruppenhaltung im Laufstall.*
*Dabei ist die benötigte Grundfläche pro Pferd bei der Innenboxenhaltung wesentlich geringer als bei der Gruppenhaltung im Laufstall, wenn man die Auslauf- und Futterplatz-Flächen hinzurechnet. Demnach müßten die Preise für Innenboxen eigentlich weitaus niedriger sein als die für die Laufstallhaltung – oder die Preise für den Laufstall höher als die für die Boxenhaltung ...*

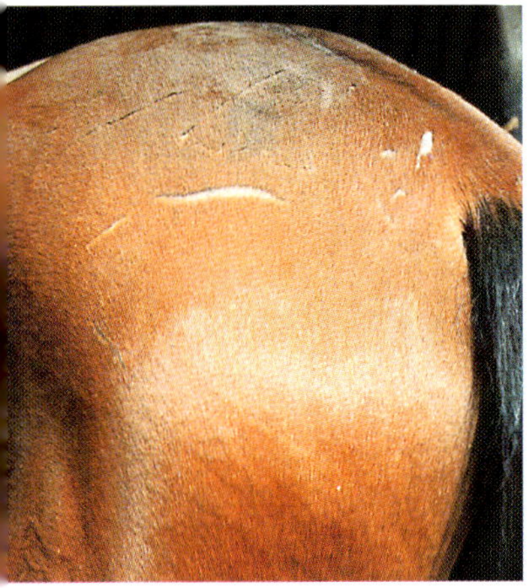

*Jedes Pferd kann in eine Gruppe integriert werden. Wenn es dabei ein paar „Kratzer“ davonträgt, wie sie hier zu sehen sind: Keine Sorge, so etwas gehört einfach zum täglichen Pferdeleben!*

Was sich aber ändern sollte, und zwar möglichst bald, das sind die Haltungsbedingungen. Damit das gelingt, müssen sich zunächst die Einstellung und das Verhalten der Pferdeleute ändern. Erst wenn die Menschen innerlich davon überzeugt sind, daß man alle Pferde wirklich – so gut es eben geht – „natürlich“ leben lassen muß, wird ein deutlicher Umschwung stattfinden. Dann wird man auch bereit sein, einen üblichen Marktpreis zu bezahlen – und in der Folge werden die Pferdehalter die Investitionen vornehmen können, die nötig sind, um die Betriebe „attraktiv“ zu gestalten.

Folgende Einwände gegen eine „natürliche“ Haltungsform kann man immer wieder von Pferdebesitzern hören:

- Ich kann mein Pferd nicht so halten, weil es dann ein zu dickes Fell bekommt und im Winter zu sehr schwitzt ... Außerdem beurteilen die Richter dadurch das Gesamtbild (eventuell auch unbewußt) ungünstiger!
- Mein Pferd will eine Box für sich alleine haben – es braucht seine Ruhe!
- Mein Pferd versteht sich nicht mit anderen Pferden.
- Mein Pferd friert ja in so einem Stall!
- Mein Pferd soll in Ruhe sein Futter fressen können, das es von mir bekommt.
- Die Technik der Computer-Fütterung verhindert geradezu, daß man sich mit seinem Pferd beschäftigt. Wie schön ist es doch, wenn man seinem Pferd beim Fressen zuschauen kann.
- Ich laufe doch nicht kilometerweit über die Weide, nur um mein Pferd zu holen ...
- Mein Pferd wird ja auf der Weide total dreckig!
- Ich reite doch kein regennasses Pferd! Was wird aus meiner sauberen Satteldecke!?
- Wenn mein Pferd auf der Weide ist, dann wird es lahm und faul!
- Wie sieht denn mein Pferd dann aus, von den anderen völlig zerrupft – nein danke!
- Wenn ich mich der Box meines Pferdes nähere, werde ich schon von weitem mit einem freudigen Brummeln begrüßt – so gut ist unsere Beziehung zueinander!
- Hier zieht's meinem Pferd viel zu stark!

**Die neue „Pferdehaltungs-Generation 2000“**

*In einem Musterstall-Zentrum, das ganz auf die „natürliche“, artgerechte Pferdehaltung spezialisiert ist, könnten all die Themen, die noch ungeklärt und nicht erprobt sind, in Angriff genommen werden. Und vor allen Dingen: Endlich könnte einmal allen Interessenten, ganz besonders aber den Skeptikern, deutlich gezeigt werden, daß es durchaus möglich ist, artgerechte Pferdehaltungs-Systeme auch für den anspruchvollen Pferdebesitzer attraktiv zu gestalten – denn der zahlt ja schließlich für sein Pferd ...*

Schon jetzt, aber erst recht in der näheren Zukunft mit ihren vielschichtigen, immer anspruchsvoller werdenden Menschen sind ganz andere, neuartige Haltungs-Systeme gefordert, die die Bedürfnisse der Pferde bewußt berücksichtigen. Wie diese Systeme auszusehen haben und was bei einer artgerechten Pferdehaltung alles zu beachten ist, ist schon recht gut erforscht und entwickelt worden. Allein – keiner will sie kaufen! Das behaupten jedenfalls die etablierten Firmen, und deshalb bauen und verkaufen sie Boxen, Boxen und nochmals Boxen ... Dies gilt besonders für die neuen Bundesländer – welch verpaßte Chance!

Was muß und könnte getan werden, um diese Tatsachen zu ändern? Welche unterschiedlichen Möglichkeiten in der Gestaltung von neuartigen Haltungs-Systemen bieten sich an, welche Arbeitstechniken sind anzuwenden, wie hoch ist bei diesem oder jenem System der wirkliche Arbeitsaufwand, wie teuer wird eine solche Anlage sein – und, und, und ... Wo können Pferdehalter speziell für die neuartige Haltung ausgebildet werden? Wie und wo können neue Einrichtungen in der rauhen Alltagswelt erprobt werden, und wo kann sich der Interessent umfassend informieren?
Alles Fragen, auf die wohl in der nächsten Zeit Antworten gefunden werden müssen, wenn wir wirklich glaubhaft für die möglichst schnelle Verbesserung der Pferdehaltung eintreten wollen.

*Prof. Dr. Ellen Kienzle: „Erst durch die Umstellung in den Bewegungsstall hat sich mein zehnjähriger Calimero zum erwachsenen Pferd entwickelt. Viele der Flausen, die er zuvor ständig im Kopf hatte, hat er nun abgelegt, so daß wir beide ein noch besser harmonierendes Paar wurden. Lektionen, die früher fast nur mit Krafteinsatz zu reiten waren, lösen wir heute auf spielerische Weise. Ich hätte diese Entwicklung zu Beginn nicht für möglich gehalten.“*

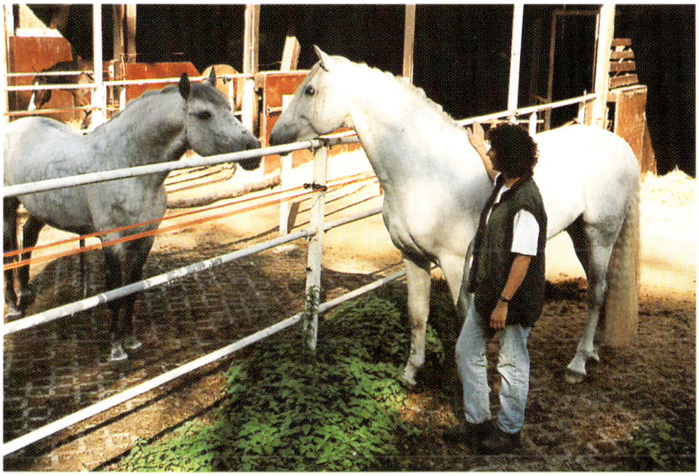

*Karin Engelsberger: „Nach der Umstellung in eine Laufbox hat sich mein Deckhengst Nibelungo erstaunlich gewandelt. Er ist im gesamten Umgang und unter dem Sattel deutlich ausgeglichener und zuverlässiger geworden und versteht sich jetzt auch mit seinem Hengst-Kollegen über den Zaun hinweg bestens. Eine andere Haltung kann ich mir nicht mehr vorstellen.“*

*Laufstall mit Tränke und Futterplatz außen: Links in diesem großen, vorbildlichen Pensionsstall ist der Ruheraum untergebracht. Der Vorbau wurde eigens für die zahlreichen Futterstände errichtet, und die Tränke befindet sich an der linken Außenwand.*

# Haltungs-Systeme

**BML-Papier stellt Gruppenhaltung vornan!**

*Es ist schon als großer Fortschritt zu bezeichnen, wenn vom Bundesministerium für Landwirtschaft als oberster Tierschutzbehörde die Gruppenhaltung zuerst erwähnt wird – und dann erst die Einzelhaltung. Die „Leitlinien zur Beurteilung von Pferdehaltungen unter Tierschutzgesichtspunkten vom 10. November 1995", die nur empfohlen werden können, sind kostenlos zu beziehen beim:*

Bundesministerium für
Ernährung, Landwirtschaft
und Forsten
Referat Tierschutz
Rocchusstraße 1
D – 53123 Bonn

*Wenn wir von der LAG auch nicht alle unsere Vorstellungen durchsetzen konnten, so sind doch wesentliche Wünsche und Vorschläge unsererseits angenommen und festgehalten worden.*

**Am falschen Ende gespart**

*Ein bekannter Züchter erklärte mir zu meiner Verblüffung mit allem Ernst: „Mehr Bewegung? Nein danke, da muß ich dann doch wesentlich mehr füttern! Und das kostet Geld!" Was er wohl „vergessen" hat: Viel Bewegung schadet nicht, wenig Bewegung macht krank!*

*„Haltungs-Systeme! Wieso verwendet der denn so einen komplizierten Ausdruck? Kann er nicht einfach Pferdestall sagen, das versteht wenigstens jeder?!"* Diese oder ähnliche Reaktionen höre ich immer wieder. Aber genau das möchte ich mit diesem Ausdruck erreichen – nämlich, daß man mehr über die zukünftigen Haltungsformen nachdenkt.

Der gute alte Pferdestall aus vergangenen Zeiten – er war schön gemütlich warm, mit dem typischen „Pferdestall-Geruch" und den fein in Ständern oder Boxen aufgereihten Pferden, manchmal in wirklich prächtig anzusehenden Gemäuern untergebracht ... Dieser Pferdestall hat in meinen Augen als übergeordneter Begriff ausgedient.

Pferde „natürlich" und artgerecht zu halten, heißt eben mehr, als sie nur in einen Stall zu stellen. Um den vielfältigen Bedürfnissen der Pferde, aber auch der Menschen, in Zukunft gerecht werden zu können, müssen zahlreiche Überlegungen angestellt und umfangreiche Maßnahmen getroffen werden. Nur dann kann die gewünschte Pferdehaltung „Hand und Fuß" haben. Man muß dabei also systematisch vorgehen – daher der Begriff *Haltungs-System*!

„In welchem Stall *halten* Sie Ihr Pferd?" Diese Frage ist, wie wir gleich sehen werden, zu einfach. Sie sollte – oder besser: darf – es bald nicht mehr geben!

„In welchem Haltungs-System *lebt* Ihr Pferd?" sollten Sie also in Zukunft fragen, damit Ihr Gesprächspartner auch wirklich sofort merkt, daß Sie auf dem laufenden sind!

Und damit Sie auf diese Frage präzise antworten können, folgt gleich ein umfassender, aber der besseren Übersicht wegen kurz gefaßter Überblick über alle Systeme, die derzeit bei der Pferdehaltung bekannt sind.

Zunächst müssen die Haltungs-Systeme in zwei große Gruppen unterteilt werden:

- **Gruppenhaltung** und
- **Einzelhaltung**.

Dabei kann man ruhig behaupten, daß die Einzelhaltung immer eine Notlösung darstellt, denn „natürlicher" und artgerechter ist die Gruppenhaltung allemal!

Damit die Begriffe Gruppenhaltung und Einzelhaltung bei der Beschreibung der einzelnen Haltungs-Systeme sofort

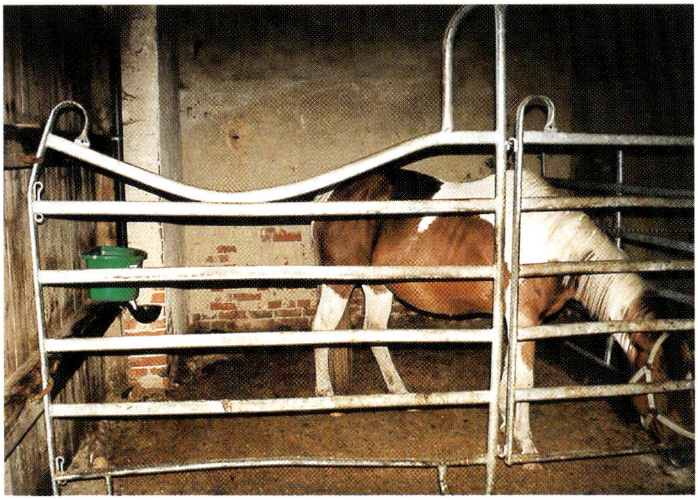

*Die Einzelhaltung stellt immer eine Notlösung dar. Der „Schwung" an dieser Boxen-Abtrennung spricht für sich ...*

unterschieden werden können, werden folgende Bezeichnungen verwendet:

- Alle Modelle für eine **Gruppenhaltung** heißen „... **-Ställe**" (wobei dieses Wort eben nur als Unterbegriff verwendet wird).
- Alle Haltungs-Systeme für eine **Einzelhaltung** werden als „...**-Boxen**" bezeichnet.

Bei der Beschreibung der Haltungs-Systeme sollten wir immer an den wichtigsten Grundsatz denken: Der Hauptmangel der Pferdehaltung besteht, wie nun schon oft erwähnt, in der viel zu geringen Bewegung der Pferde! Dies ist so, auch wenn es manche Leute aus mehr oder weniger verständlichen Gründen nicht wahrhaben wollen!

Alle Bemühungen in der Gestaltung von Haltungs-Systemen müssen daher nur ein Ziel haben, nämlich die ausreichende, notwendige Bewegung des Pferdes zu optimieren.

Viel Bewegung deshalb, weil dadurch erreicht wird, daß Sehnen, Muskeln, Gelenke und so weiter stets angewärmt, elastisch und „geschmiert" sind. So kann Schäden und hohem Verschleiß vorgebeugt werden. Vorteilhaft wirkt sich die Bewegung aber auch auf den Hufmechanismus, die Atmungsorgane und die Stoffwechseltätigkeit sowie auf die Sinnesorgane aus.

### *Wenig Bewegung in Turnierställen*

*Dr. Kirsten Wackenhut untersuchte im Rahmen ihrer Doktorarbeit 50 Betriebe mit 1.250 Hochleistungssportpferden für Springen und Dressur. Dabei stellte sie folgendes fest:*

- *Die durchschnittliche Bewegungsdauer durch Reiten, Longieren, Führanlage oder ähnliches beträgt 1,77 Stunden pro Tag.*
- *76 Prozent der Betriebe besitzen keinen Paddock oder Auslauf.*
- *15 Betriebe haben Weiden, diese jedoch werden nur in drei Betrieben auch genutzt!*

*Selbst in „erstklassigen" Turnierställen, in denen die wertvollen Sportpferde beste Pflege genießen, ist die Bewegung also sehr gering, wie diese Doktorarbeit eindrucksvoll darlegt!*

Haltungs-Systeme müssen natürlich auch auf die jeweilige Nutzung des Pferdes abgestimmt werden, wenn sie die Bedürfnisse von Pferd, Halter und Reiter möglichst vollständig erfüllen sollen. Wie sehen überhaupt die unterschiedlichen Nutzungen aus – beziehungsweise wo findet man überall Pferde? Zum Beispiel in:

- Ponyhöfen
- Reit-/Fahrställen
- Ferienbetrieben
- Rennställen
- Turnierpferdeställen
- Ausbildungsställen
- Pensionsställen
- Zuchtställen
- Therapiepferdeställen
- Freizeitanlagen mit Pferden/Ponys (zum Beispiel Jugendzentren, Kuschelzoos)
- Gnadenbrothöfen
- Milchpferdeställen
- Zirkus-/Schau-Pferdeställen
- Betriebsstätten – und so weiter.

Bei dieser Vielzahl von Nutzungsarten, die sich teilweise auch miteinander kombinieren lassen, ist es unmöglich, ein einziges Haltungs-System zu entwickeln, das allen Ansprüchen gerecht wird. Es muß also stets versucht werden, für jede Art von Pferdenutzung das jeweils optimale Haltungs-System zu finden, damit sich die Pferde auch wirklich wohl fühlen können.
Wie sehen nun die einzelnen Haltungs-Systeme aus, und wie heißen sie (in Anlehnung an die LAG-Richtlinien)?

## Die Gruppenhaltung

Fangen wir bei der Gruppenhaltung an: Sie ist zweifelsfrei die „natürlichste" Haltungsart, die die Bedürfnisse des Pferdes zum Beispiel als Herdentier (sozialer Kontakt) und als Lauftier (gegenseitiges Anregen zum Laufen oder auch nur zum Ausweichen) besonders gut erfüllt. Allerdings muß man gerade bei der Gruppenhaltung immer daran denken, daß das Pferd ein Fluchttier ist und, um im kritischen Moment wirklich „flüchten" zu können, auch

### *Gleiches nur mit Gleichem vergleichen!*

*Dieser Grundsatz muß bei allen Haltungsvergleichen gelten. Wenn man also verschiedene Haltungs-Systeme einander gegenüberstellen möchte, dann sollten zum Beispiel die Futteraufnahme-Möglichkeiten verglichen werden oder die Erreichbarkeit des Ruheraumes. Nicht zu vergleichen ist beispielsweise die unterschiedliche Qualität in der Ausführung oder in der Führung der Anlage. Entscheidend ist immer, ob das jeweilige Haltungs-System für das Pferd qualitativ optimale Voraussetzungen schafft, damit es sich wohl fühlen kann. Äußerlichkeiten wie etwa die Frage, aus welchem Material der eine oder andere Gegenstand ist oder ob das Material „naturbelassen" oder mit einem teuren, aufwendigen Anstrich versehen wurde, sollten keine Qualitätsmerkmale für das jeweilige Haltungs-System darstellen.*

den nötigen Freiraum benötigt. Zu enge räumliche Verhältnisse müssen daher unbedingt vermieden werden.
Bei der Futtergabe muß man darauf achten, daß auch das schwächste Pferd die ihm zustehende Futtermenge ungestört aufnehmen kann und nicht benachteiligt wird. Außerdem ist es wichtig, zu vermeiden, daß beim Füttern große Unruhe unter den Tieren entsteht.

Die Gruppenhaltung löst oft zahlreiche Probleme „ganz nebenbei" - zum Beispiel hören webende Pferde in der Regel mit den für diese Verhaltensstörung typischen Bewegungen auf, ohne daß besondere Anstrengungen unternommen werden müssen. Auch der Aggressionsabbau ist natürlich wesentlich einfacher und intensiver, als das bei der Einzelhaltung möglich ist - in der Gruppenhaltung kann man sich ja mal schnell am Kollegen „abreagieren" ...
Die Gruppenhaltung ist allerdings auch beträchtlich schwieriger zu managen als die Einzelhaltung und verlangt vom Halter und vom Personal höheres Verantwortungsbewußtsein - beispielsweise bei der Einteilung der Gruppen oder beim Integrieren eines neuen Pferdes. Auch der Wissens- und Erfahrungsschatz muß größer sein, muß man doch bei der Gruppenhaltung zum Beispiel erkennen, wie sich bestimmte Wünsche äußern, und wissen, was bei diesem oder jenem Verhalten gegenüber anderen Pferden zu tun ist - und so weiter ...

### *So gut wie möglich*

*Auch bei der besten Absicht, den Pferden eine möglichst „natürliche" Haltung zu bieten, wird man Kompromisse machen müssen - wie überall im Leben! Trotzdem sollte man eine möglichst optimale Haltungsform anstreben.*

*Ein Laufstall von hoher Qualität mit Sprossenwand-Fütterung und heizbarem Tränkebecken sowie eingegossenem Gummiboden.*

# Gruppenhaltungs-Systeme

## Erläuterung der Symbole, die in den folgenden grafischen Darstellungen verwendet werden

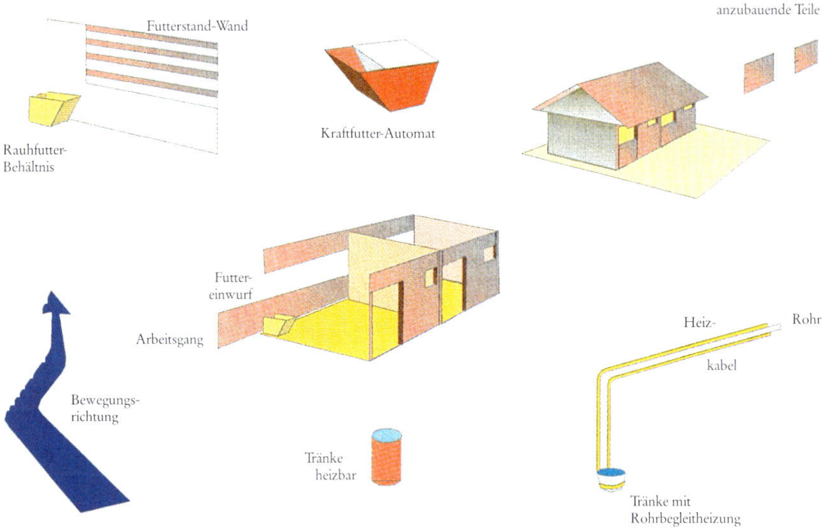


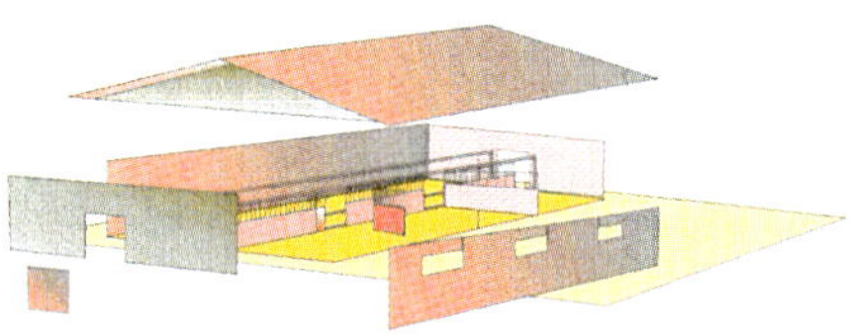

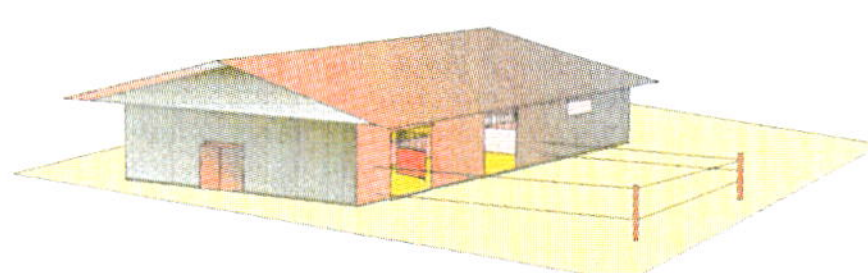

## Innenbucht-Stall/Umbau:

Der Innenbucht-Stall ist wie eine Innenbox zu verstehen, nur wesentlich größer als diese und für mehrere Pferde eingerichtet. Das Beispiel soll zeigen, wie man Innenboxen ohne große Schwierigkeiten zu einem Innenbucht-Stall umgestalten kann. Man kann gut erkennen, daß die vorderen zwei Innenboxen zu einer Innenbucht zusammengefaßt wurden, indem man lediglich die Zwischenwand der beiden Innenboxen vorne und hinten zu je einem Drittel verkürzte und das verbliebene Mittelteil als Raumteiler stehen ließ. So können sich die Pferde frei bewegen und um das Mittelteil der Trennwand herumgehen oder sich sogar dahinter „verstecken".

## Offenstall/Umbau:

Geht man einen Schritt weiter, so kann man die vorhandenen Innenboxen in einen hervorragend funktionierenden Offenstall umwandeln. Das Beispiel zeigt, wie aus der Innenbucht (wenn außen Platz für einen Auslauf vorhanden ist) der Offenstall entsteht, indem man die Fensterrahmen zu einer Türöffnung umgestaltet.

## Offenstall:

Die bekannteste Stallform für die Gruppenhaltung ist der Offenstall. Meist ist er nur an drei Seiten geschlossen und an einer Seite (zum Auslauf hin) ganz offen, so daß die Pferde, wenn sie wollen, nach draußen gelangen können. Die offene Seite muß breit genug sein. Wenn sie geschlossen ist, muß sie mindestens zwei Ein-/Ausgänge haben, wie es auf dem Bild zu erkennen ist.

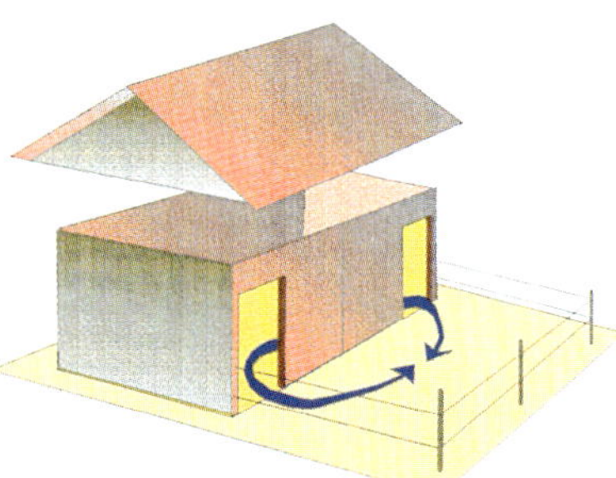

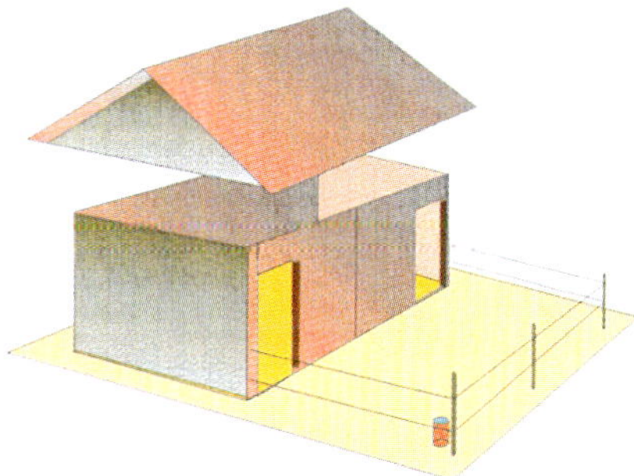

## Laufstall, Tränke außen:

Der Laufstall unterscheidet sich vom Offenstall gebäudemäßig überhaupt nicht. Lediglich die Tränke ist, wie auf dem Bild zu erkennen, außerhalb des Stalles angebracht, so daß die Pferde nach draußen „laufen“ müssen.

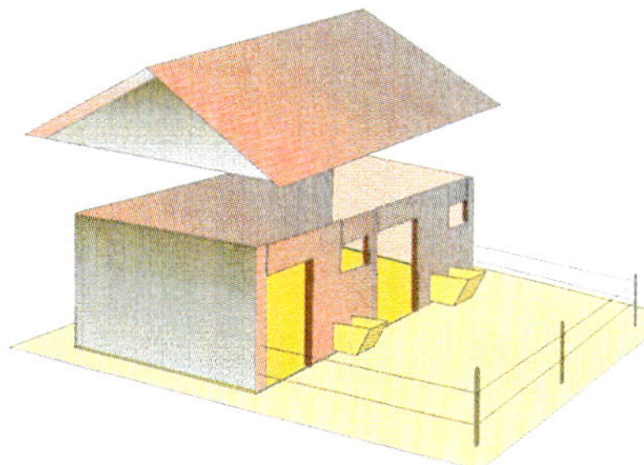

## Laufstall, Futter außen:

So, wie die Tränke außen angebracht gebracht sein kann, ist dies natürlich auch mit dem Futter möglich. Auch hier müssen die Pferde nach draußen „laufen“.

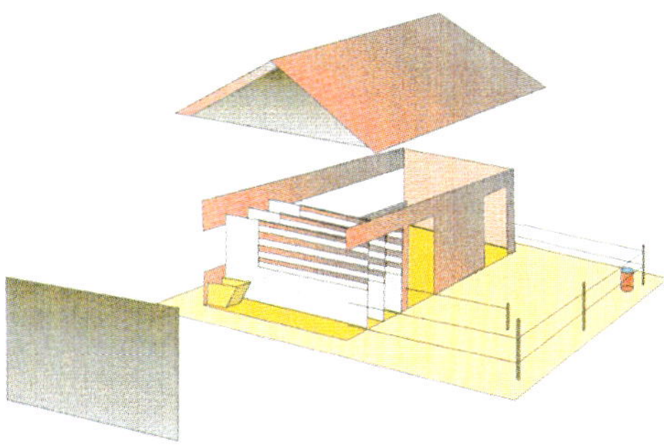

## Laufstall, Tränke und Futterstände außen:

Die Fortentwicklung der vorher gezeigten Laufstall-Typen ist ersichtlich. Der Stall ist für maximal drei Pferde konzipiert. Es stehen nur drei Futterstände (getrennt vom Ruheraum) zur Verfügung. Die Tränke ist auf der anderen Seite des Auslaufes montiert, so daß lange Wege zurückzulegen sind, die durch einen Stichzaun noch erheblich verlängert werden können.

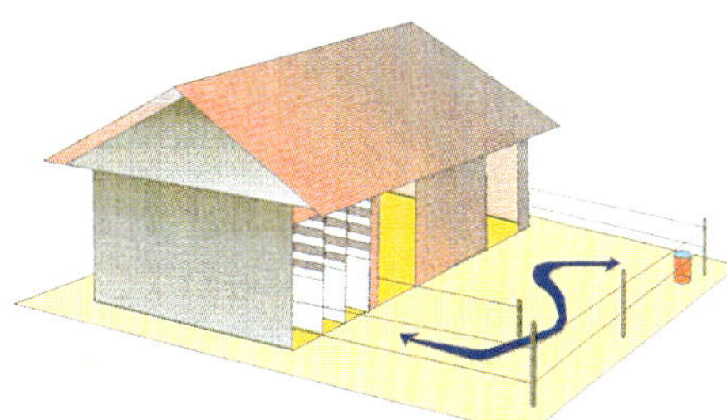

# Gruppenhaltungs-Systeme

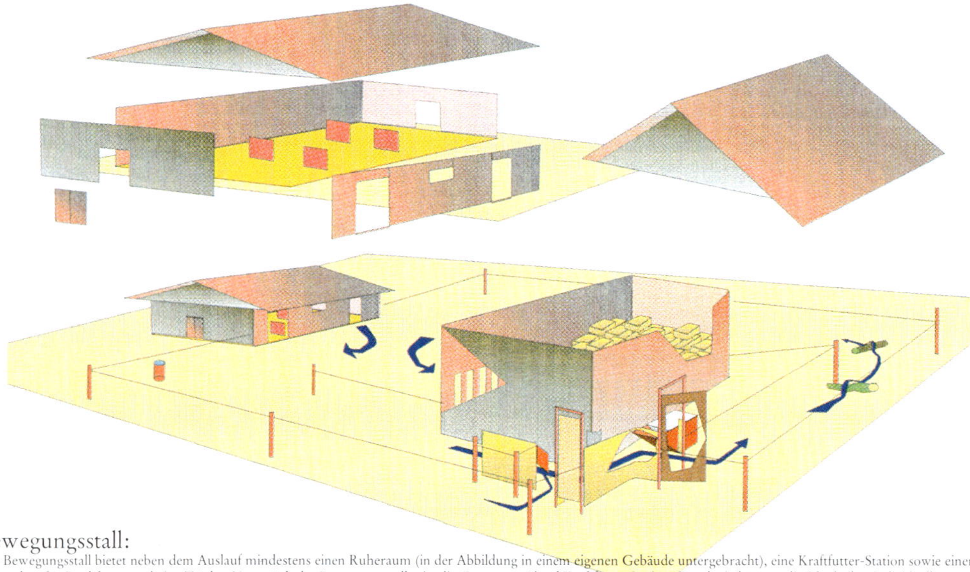

## Bewegungsstall:

Der Bewegungsstall bietet neben dem Auslauf mindestens einen Ruheraum (in der Abbildung in einem eigenen Gebäude untergebracht), eine Kraftfutter-Station sowie einen Futterplatz für Rauhfutter und eine Tränke. Herzstück des Bewegungsstalles ist die Computer-Abruf-Kraftfutter-Station. Durch sie können die Pferde ihre individuelle, zugeteilte Tagesration in zigfachen, kleinen Portionen abrufen, sie also gleichmäßig über den ganzen Tag verteilt aufnehmen. Die Pferde werden also sehr oft am Tag durch die Futter-Station angelockt und bewegen sich deshalb viele, viele Male dorthin. Diesen Umstand nutzt man im Bewegungsstall vorteilhaft aus, indem man die Pferde nach Verlassen der Kraftfutter-Station durch ein Klapptor in eine Einbahngasse auf einen Rundweg schickt. Das Bild zeigt, vereinfacht dargestellt, im Vordergrund eine Kraftfutter-Station mit dem einseitig aufgehenden Klapptor und der anschließenden Einbahngasse.

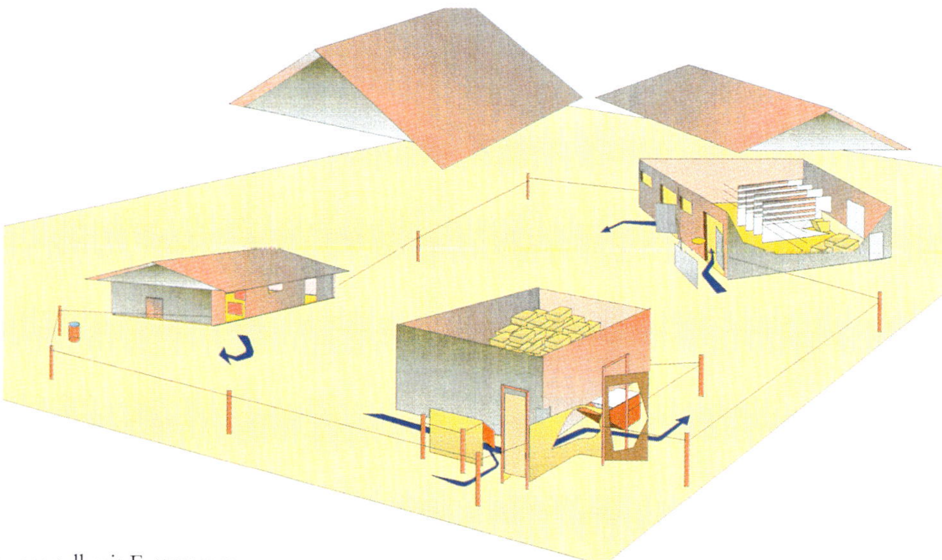

## Bewegungsstall mit Futterraum:

Durch das Einbeziehen eines Futterraumes in den Bewegungsstall ist es möglich, die Pferde noch mehr in Bewegung zu halten. Der Futterraum kann, wie das im Bild dargestellt ist, in einem Gebäude untergebracht sein, er kann aber auch nur durch eine Umzäunung abgegrenzt werden. Das Besondere an diesem Futterraum ist, daß wiederum der „Futtermeister Computer" bestimmt, welches Pferd den Raum betreten darf und welches nicht. Dies wird über eine Einlaß-Station erreicht, die vom Computer gesteuert wird und durch die die Pferde in den Futterraum gelangen. Eingelassen werden nur so viele Pferde, wie Futterstände zur Verfügung stehen. Sind diese im Futterraum, so sperrt der Computer das Eingangs-Tor. Erst wenn ein Pferd den Futterraum über das Ausgangs-Tor verläßt, öffnet der Computer das Eingangs-Tor über die Einlaß-Station wieder, so daß das nächste futterberechtigte Pferd eintreten kann.

Die Gruppenhaltungen werden mittlerweile in folgende Haltungs-Systeme eingeteilt:

- **Innenbucht-Stall:** Hier sind die Pferde im *Stallinneren* untergebracht.
- **Offenstall:** Bei diesem Stall-System ist der Weg für die Pferde zum Auslauf, also nach draußen, stets *offen*. Die Tränke und der Futterplatz sind dabei innen im Stall angebracht, wo sich auch der Ruheraum befindet.
- **Laufstall, Tränke außen:** Er ähnelt vom Prinzip her dem Offenstall, jedoch müssen die Pferde hier zur außerhalb des Ruheraumes liegenden Tränke *laufen*. Dabei soll ein Pferd mindestens mit seinem gesamten Körper außerhalb des Ruheraumes stehen müssen.
- **Laufstall, Futterplatz außen:** Auch hier handelt es sich um einen Offenstall, bei dem die Pferde jedoch zum außerhalb des Ruheraumes liegenden Futterplatz *laufen*. Dabei soll ein Pferd mindestens mit seinem gesamten Körper außerhalb des Ruheraumes stehen müssen.
- **Laufstall, Tränke und Futterplatz außen:** Ebenfalls dem Prinzip des Offenstalles ähnlich, jedoch müssen die Pferde zur außerhalb des Ruheraumes liegenden Tränke *und* zum Futterplatz *laufen*. Dabei soll ein Pferd mindestens mit seinem gesamten Körper außerhalb des Ruheraumes stehen müssen.
- **Bewegungsstall:** Bei diesem Stall-System werden die Pferde durch mechanische beziehungsweise elektronische Einrichtungen *zigfach pro Tag* mit einer kleinen Futtermenge (die aus noch kleineren Portionen besteht) in einer Kraftfutter-Station oder ähnlichem versorgt. Dabei werden sie zwangsweise, wieder zigfach, auf einen Rundkurs im Auslauf bewegt – beziehungsweise ein Pferd wird von einem anderen Pferd durch „natürliches Wegdrängen" von der Station gegebenenfalls zigfach dorthin bewegt. Auf diesem Kurs soll die kürzeste Wegstrecke vom Futterstandausgang bis zum Futterstandeingang mindestens 40 Meter betragen.
- **Weide/Wald:** Die Pferde befinden sich ganzjährig auf *Weidegebiet*, jedoch ohne Unterstand. Zum Schutz dienen in diesem Fall der *Wald* oder andere natürliche Schutzvorrichtungen. Die Wasserversorgung erfolgt durch Naturgewässer.

### *Die Integration in die Gruppe*

*Um ein Pferd in eine Gruppe zu integrieren, kann man viele Wege beschreiten – zum Beispiel:*

- *Erkunden des Stalles und des Auslaufes ohne die Stammpferde des Stalles. Danach allgemeines Kennenlernen der Herdentiere durch Eingewöhnungsbox, am Koppelzaun oder am abgetrennten Auslauf.*
- *Direktes Kennenlernen des niederrangigsten Tieres der Herde – dann weiter aufbauen wie oben.*

*Wenn ein Herdenmitglied besonders beißen sollte, kann man ihm vorübergehend einen Maulkorb anlegen. Dabei muß aber beachtet werden, wer auf wen losgeht und vor allen Dingen, wie! Ein Generalrezept gibt es hier leider nicht.*

*Achtung: Die Pferde sollten hinten nie Hufeisen tragen! Wenn ein Pferd hinten unbedingt beschlagen werden muß, ist ein Plastikbeschlag sinnvoll.*

Laufstall ohne Auslauf:
Eine ganzjährige Weidehaltung bedeutet, daß sich die Pferde das ganze Jahr über selbst versorgen. Der Unterstand dient nur zum Schutz vor Fliegen, Hitze und so weiter. Er muß in diesem Fall als Laufstall ohne Auslauf bezeichnet werden, weil die Pferde zum Grasen auf die Weide laufen. Die Wasserversorgung ist hier zum Beispiel durch einen Bach gesichert.

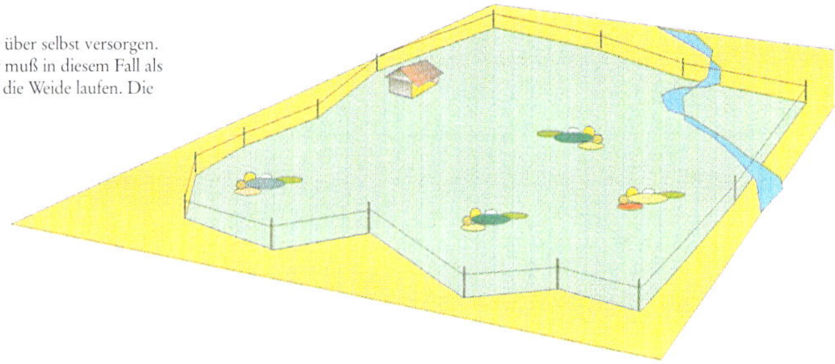

Weide/Wald:
Bei der „Weide/Wald"-Haltung handelt es sich ebenfalls um eine ganzjährige Weidehaltung, allerdings haben die Pferde nur einen Schutz durch Bäume, Sträucher und so weiter. Die Wasserversorgung erfolgt hier zum Beispiel durch einen See.

- **Laufstall ohne Auslauf:** Die Pferde können aus dem schützenden Unterstand (Stall) auf die ganzjährige Weide *laufen*. Sie haben nur Weidegang und versorgen sich aus Naturgewässern.

## Die Einzelhaltung

Die Einzelhaltung sollte immer eine Notlösung sein und nur dort angewandt werden, wo eine Gruppenhaltung einfach nicht durchführbar ist. Deshalb muß gerade hier beachtet werden, daß man den Tieren wenigstens in etwa das Gefühl des Herdendaseins gibt. So kann zum Beispiel durch Weglassen der oberen Gitterwände der handelsüblichen Boxen sogar Berührungskontakt möglich sein. Daß sich die Pferde gegenseitig sehen, riechen und hören können, sollte selbstverständlich sein.
Die Innenbox sollte hier eigentlich gar nicht mehr erwähnt werden, weil sie für 23 Stunden am Tag absolut kein geeigneter Platz für ein Pferd ist – ganz abgesehen von den

meist unzureichenden Luft-, Licht- und Kontakt-Verhältnissen. Sie wird nur deshalb aufgeführt, weil man sie in der Pferdehaltung noch am häufigsten antrifft. Leider wurde gerade die Innenbox in großem Umfang in die neuen Bundesländer „exportiert". Die große Chance, wenigstens dort nicht wieder falsch zu investieren, ist jämmerlich vertan worden!

Doch vielleicht regen den einen oder anderen Pferdehalter einige Verbesserungsvorschläge für die Innenbox an – zum Beispiel das Herausbauen sämtlicher Fenster, also die Umwandlung zur „Stall-Luke". Herausbauen statt aushängen, damit die Fenster im Winter nicht wieder eingehängt und verschlossen werden können! Eine solche relativ einfach zu realisierende Maßnahme brächte schlagartig folgende Vorteile mit sich:

1. Das Stall-Klima wäre sofort verbessert.
2. Die Luft wäre mit weniger Schadgasen und -stoffen belastet.
3. Die Gefahr der Verletzung durch Fenster wäre gebannt.
4. Das umständliche Öffnen und Schließen würde entfallen.
5. Es würden keine Reparaturkosten mehr entstehen.
6. Die Reinigungskosten und/oder -mühen würden ebenfalls wegfallen.
7. „Ganz nebenbei" würden die Pferde gesünder (kein Husten mehr).
8. Dadurch hätten die Besitzer weniger Tierarztkosten!

**Minimallösung**

*Auch für die Einzelhaltung gilt: Der kleinste Auslauf ist immer noch besser als gar keiner!*

*Dieser Innenboxen-Stall hat wenigstens geöffnete Fenster, zu denen die Pferde auch hinausschauen können, weil die Öffnungen niedrig genug angebracht wurden.*

# Einzelhaltungs-Systeme

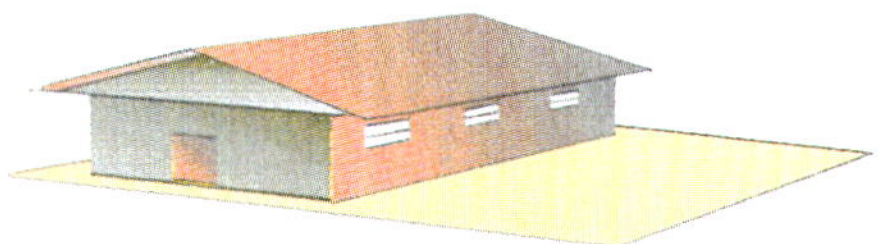

## Stallgebäude für Innenboxen:

In dieser Form werden die meisten Innenboxen-Ställe gebaut. Links und rechts von der Stallgasse (Arbeits- beziehungsweise Futtergang) befindet sich jeweils eine Reihe von Boxen. Man spricht deshalb von zweireihigen Aufstallungen.

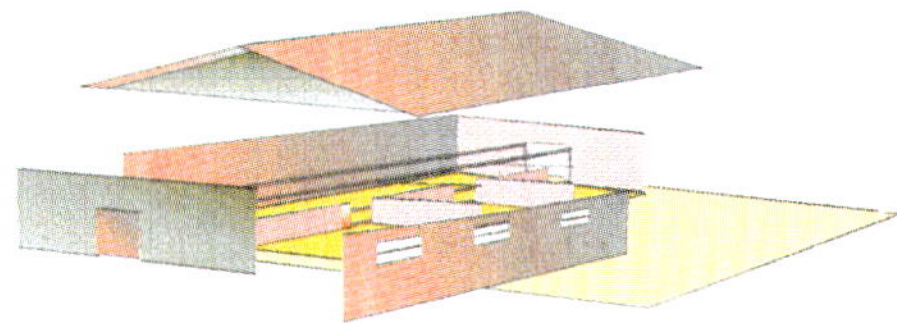

## Innenboxen:

Dieses Beispiel zeigt drei Innenboxen der vorderen Reihe, vereinfacht dargestellt. Der Zugang zu den Boxen erfolgt von der Stallgasse aus.

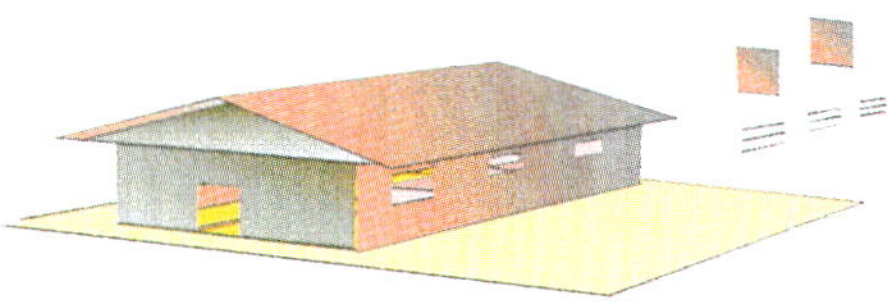

## Innenboxen mit Luke/Umbau:

Um für die Pferde eine wesentliche Verbesserung der Haltungsbedingungen zu erreichen, kann man anstelle von verschließbaren Fenstern Luken anbringen, die nicht zu verschließen sind. Dadurch sorgt man zwangsläufig das ganze Jahr über für Frischluft und für eine gesundheitsfördernde Anpassung des Stallklimas an das Außenklima. Man braucht also „nur“ die vorhandenen Fenster auszuhängen. Noch besser wäre es, die meist zu kleinen Fensterrahmen gleich zu erweitern (wie dies bei der vorderen Box angedeutet ist),

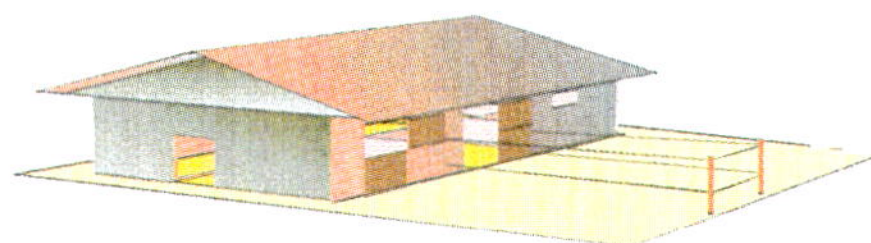

## Innenbox mit Luke/Außenbox/Außenbox mit Auslauf/Umbau:

Erweitert man die Luke (oder das Fenster) so, daß eine Tür daraus entsteht, hat man auf einfache Art und Weise aus einer Innenbox eine Außenbox (mit all ihren Vorteilen) gestaltet.

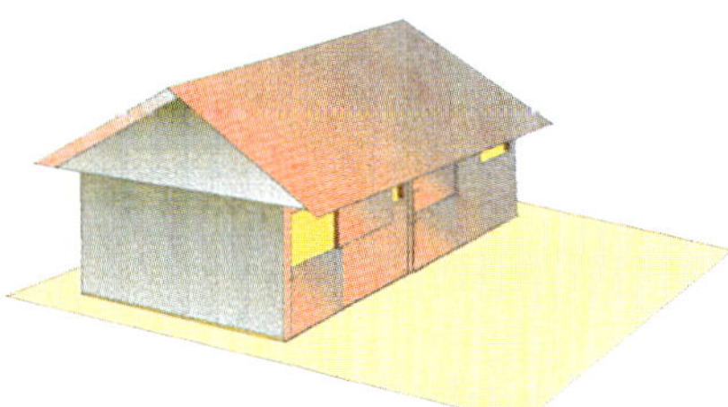

## Außenboxen:

Außenboxen bieten den Pferden, wenn sie richtig eingesetzt werden, viele Vorteile – besonders durch den geöffneten oberen Türteil. Das Pferd kann bequem herausschauen, somit die frische Luft einatmen, die Sonne genießen und Blickkontakt zu seinen Nachbarn und zur Umgebung aufnehmen.
Bei der vorderen Box ist der beschriebene Zustand mit geöffnetem Oberteil der Türe zu sehen, während die hintere Boxentür verschlossen ist.

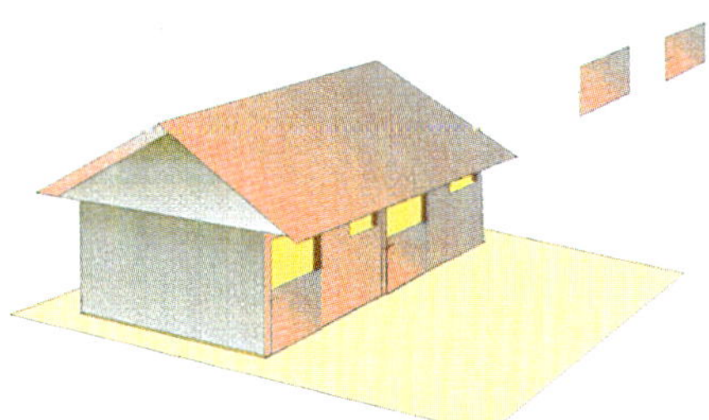

## Außenboxen mit Luke/Umbau:

Entfernt man die Oberteile der Boxentüren, so entstehen die sogenannten Luken, die nicht zu verschließen sind. So haben die Pferde immer frische Luft und Kontakt nach draußen. Das Stallklima entspricht dem Außenklima.

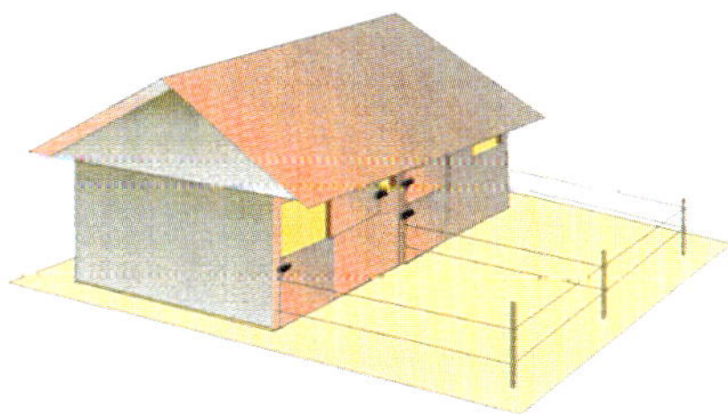

## Außenboxen mit Auslauf:

Ist vor der Außenbox ein freier Platz vorhanden (die kleinste Fläche ist immer noch besser als gar keine!), so sollte unbedingt ein Auslauf angebaut werden. Die größere Bewegungsmöglichkeit, abwechslungsreichere Witterungseinflüsse und ein beruhigender Körperkontakt über den Zaun zum Nachbarn steigern das Wohlbefinden des Pferdes. Im Beispiel ist die vordere Boxentür halb offen, die hintere geschlossen. Absichtlich wird auch der Zustand gezeigt, in dem das Pferd durch den Auslauf keinen Vorteil hat. Die Gefahr, daß das Pferd aus dem einen oder anderen Grund doch nicht in den Auslauf „entlassen" wird, ist eben durch die vorhandenen Türen sehr groß.

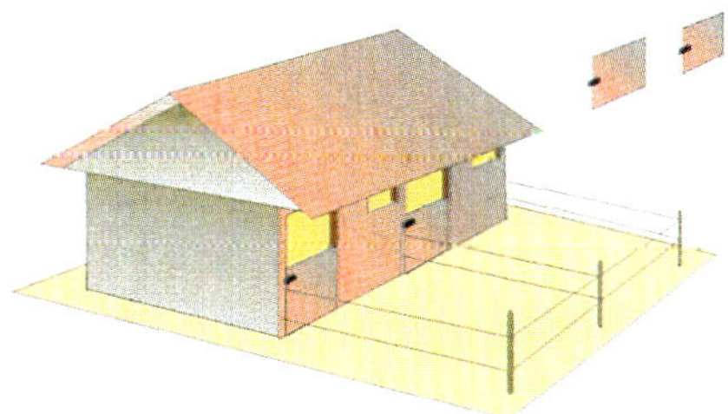

## Außenboxen mit Luke und Auslauf:

Bei dieser Ausführung besteht keine Gefahr, daß das Pferd an schädlicher Stalluft leidet. Weil der obere Teil der Boxentür entfernt wurde, dringt stets frische Luft ins Innere.

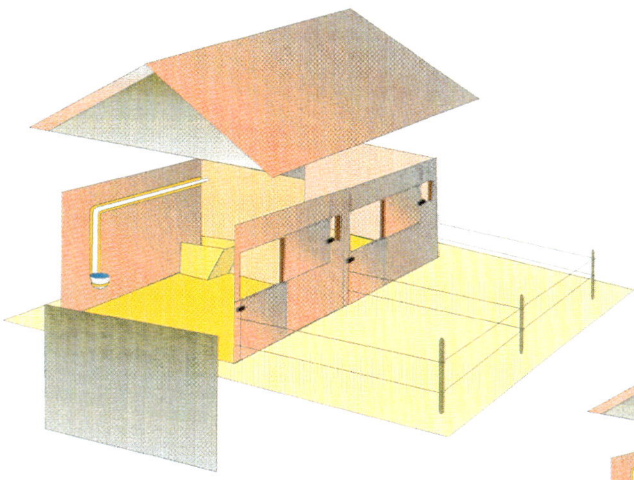

## Außenboxen mit Auslauf und Rohrbegleit-Heizung:

Diese Ausführung ist die Mindestausstattung zur Anerkennung einer artgerechten Haltung (Einzelhaltung) durch die Laufstall-Arbeits-Gemeinschaft (LAG). Die Rohrbegleit-Heizung verhindert das Einfrieren der Wasserzuleitungen zur Tränke. Diese sollte selbst beheizbar sein oder durch Umwickeln mit Rohrbegleit-Heizbändern frostsicher gemacht werden.

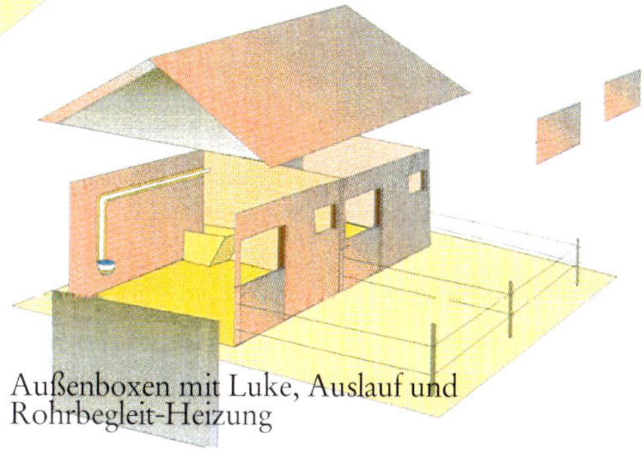

## Außenboxen mit Luke, Auslauf und Rohrbegleit-Heizung

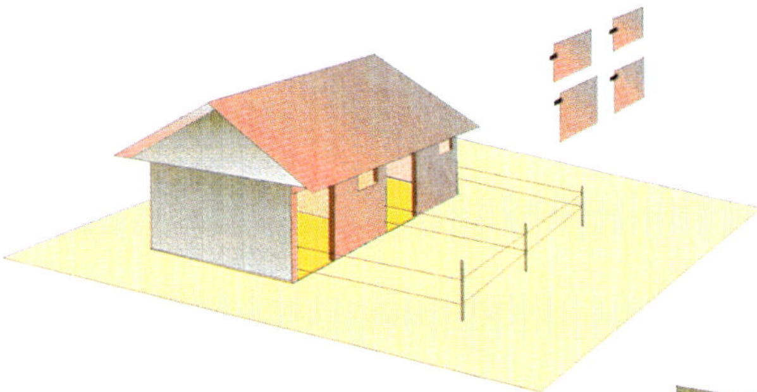

## Offenboxen:
Entfernt man von den Außenboxen mit Auslauf sämtliche Türen, so entstehen Offenboxen. Jetzt können sich die Pferde frei zwischen Box und Auslauf hin und her bewegen. Sie haben Sicht- und Körperkontakt (über den Zaun) sowie „natürliche“ Klima- und Luftverhältnisse in der Box.

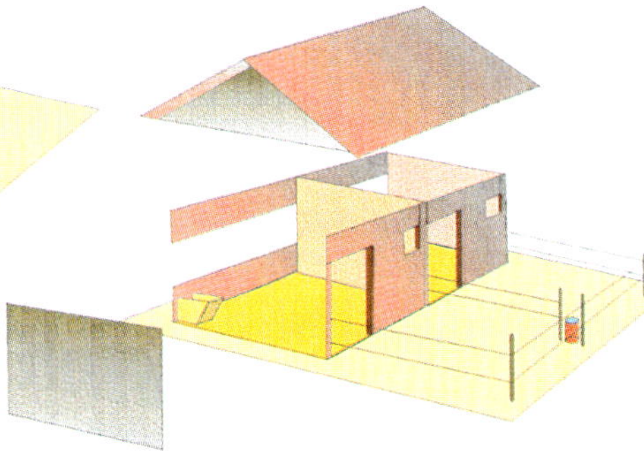

## Laufboxen mit außenliegender Tränke:
Verlagert man die Tränke einer Offenbox nach draußen in den Auslauf, so muß das Pferd, will es nicht verdursten, nach draußen „laufen“. Pferde neigen zur Trägheit, wenn sie nicht einem bestimmten Reiz ausgesetzt sind. Bisher konnten sie, wenn sie wollten, immer „in der warmen Stube“ bleiben. Bei diesem Haltungs-System müssen sie nach draußen „laufen“. Mehr Bewegung ist angesagt! Außerdem liegt der Mist nun meist weniger im Ruheraum der Box, sondern eher im Auslauf... Im Beispiel ist die Tränke so angebracht, daß sie von zwei Pferden benutzt werden kann. Im Innenraum kann man den Futterplatz erkennen. Die Rückwand ist längsseitig offen gehalten, so daß man das Futter leicht von außen vorlegen kann.
Natürlich ist es auch möglich, den Futterplatz nach draußen zu legen und die Tränke innen zu installieren.

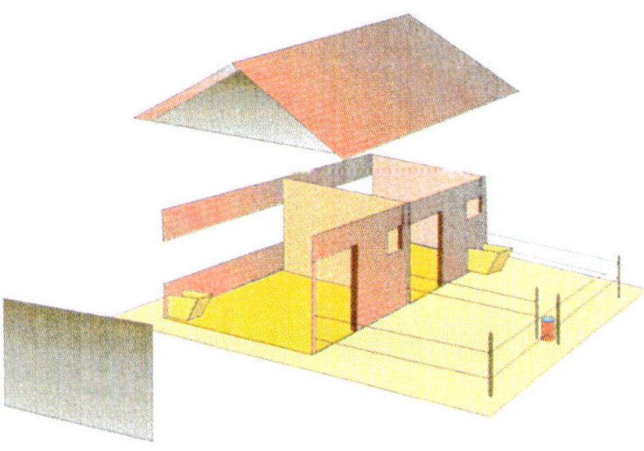

## Laufboxen mit außenliegender Tränke und außenliegendem Futterplatz:
Eine weitere Steigerung der Haltungsqualität ergibt sich, wenn man Tränke und Futterplatz draußen ansiedelt – und zwar möglichst weit voneinander entfernt. Das Beispiel zeigt vorne wieder die Laufbox mit Tränke außen und Futter innen, während bei der hinteren Box bereits Tränke und Futterplatz draußen installiert sind.
Bei diesem System wird das Pferd auf ganz „natürliche“ Weise wesentlich mehr bewegt.

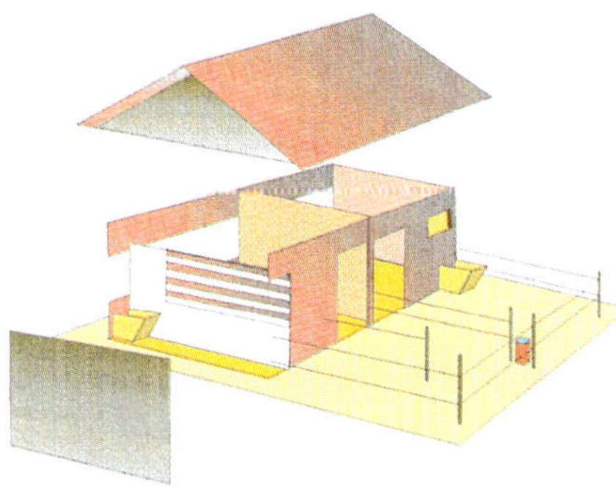

## Laufboxen mit Futterstand:
„Tisch und Bett getrennt“: Vorne befindet sich ein Futterstand, dessen eine Seitenwand den Ruheraum vom Eßzimmer trennt. Bringt man einen Stichzaun an, so werden sich die Pferde noch mehr bewegen. Dabei ergibt sich ein weiterer Vorteil, denn die Tiere werden nun größtenteils außerhalb des Ruheraumes auf dem Weg zum Futterstand misten.

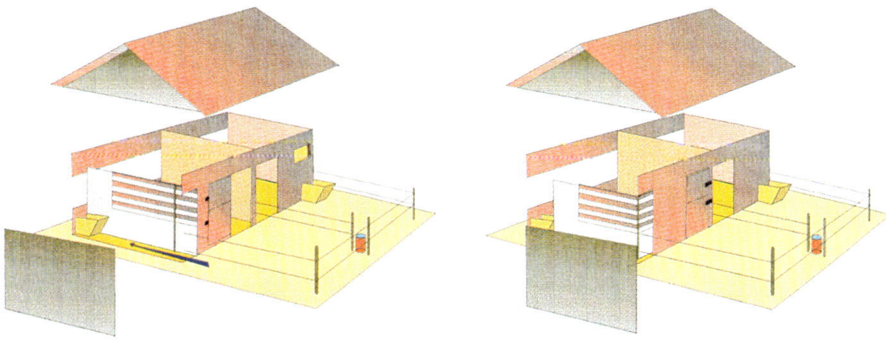

## Kombi-Laufboxen:

Zunächst ist der Aufbau dieser Boxenart derselbe wie bei der Laufbox. Das Einsperren des Pferdes zum Beispiel in der Nacht ist aber bei einer Laufbox, im Gegensatz zu einer Außenbox, nicht möglich. Deshalb werden beide Boxentypen kombiniert, indem man die Innenwand des Futterstandes schwenkbar gestaltet.
Will man das Pferd nun einsperren, so schwenkt man einfach die Futterstand-Wand auf die äußere Wand zu. Durch ein Gelenk kann die Futterstand-Wand in sich nochmals abgeknickt werden, so daß man den Futterstand-Eingang total schließen kann. Der verbliebene Teil der Futterstand-Wand wird dann dicht an die Außenwand angelegt und verriegelt. Nun wird noch die vorhandene Doppeltür des Boxeneingangs verschlossen, und das Pferd ist diebessicher untergebracht.
Links kann man vorne deutlich den geöffneten Eingang zum Ruheraum erkennen, daneben befindet sich der offene Futterstand.
Rechts ist die Kombi-Laufbox bereits geschlossen, die Futterstand-Wand ist eingeschwenkt, die Doppeltüre zugesperrt.

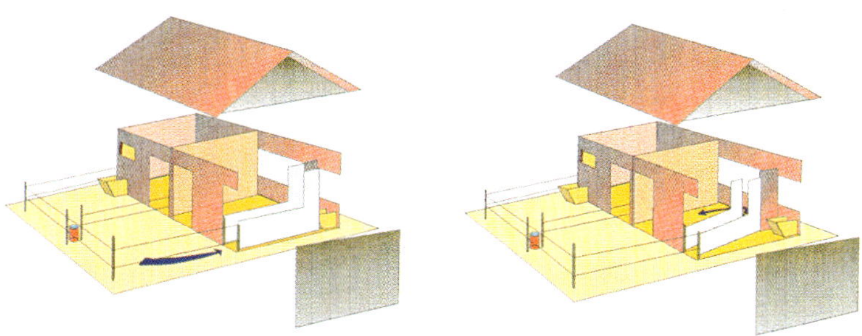

## Bewegungsboxen:

Damit die einzeln eingesperrten Pferde gleichmäßig über den ganzen Tag verteilt mit vielen kleinen Futterportionen versorgt werden können und dabei gleichzeitig noch zu vermehrter Bewegung angeregt werden, wurde die Bewegungsbox geschaffen. Sie ist wie eine Laufbox aufgebaut, verfügt aber zusätzlich über zwei schwenkbare Futterstand-Wände.
Links sind diese Wände gerade gestellt, so daß das Pferd bequem sein Futter aufnehmen kann. Nach einem einzustellenden Intervall schwenken diese Wände nach innen und versperren somit den Zugang zum Futter, um dann nach einer gewissen Pause wieder nach außen in die normale Futter-Position zu fahren.
Rechts ist gut zu erkennen, wie die Futterstand-Wände nach innen geschwenkt sind und dem Pferd die Möglichkeit geben, den Stand nach vorne zu verlassen. Wenn das Futter später wieder freigegeben wird, kann das Pferd den Futterstand erneut betreten.

*Anspruch und Wirklichkeit ...*

*Gegen eine Boxenhaltung, bei der das Pferd regelmäßig täglich geritten wird und dann noch von früh bis spät auf die Koppel kommt, wo es sich wirklich bewegt, weil es fressen will – was in einem Auslauf nicht der Fall ist –, gegen eine solche Haltung ist eigentlich nichts einzuwenden. Eigentlich – denn seien wir doch bitte ehrlich! Wo gibt es diesen „Idealfall" schon? Außerdem leben wir nun mal in einer Klimazone, in der diese glücklichen Umstände maximal sechs Monate pro Jahr ausgenützt werden können. In der restlichen Zeit lassen doch Regen, Nebel, Wind, Kälte, Schnee und Eis einen regelmäßigen, normalen Koppelgang einfach nicht zu.*

Die Einzelhaltungen können in folgende Haltungs-Systeme eingeteilt werden:

- **Innenbox:** Bei der Innenbox ist das Pferd *innen* im Stall untergebracht und kann nur *von innen*, zum Beispiel über den Stallgang, in die Box geführt werden.
- **Innenbox mit Luke:** Wie die oben beschriebene Innenbox, jedoch mit *Luke (Durchbruch/Ausschnitt)*, die mindestens so groß sein muß wie der Oberteil einer herkömmlichen Doppeltür bei der bekannten Außenbox. Das Pferd muß nach draußen schauen können, und die Luke muß ganzjährig *nicht zu verschließen* sein.
- **Außenbox ohne/mit Auslauf:** Bei diesem System kann das Pferd *von außen* in die Box geführt werden, ohne dabei in das Innere des Stalles zu müssen. Die herkömmliche, bekannte Außenbox besitzt eine verschließbare Doppeltür mit geteilten Flügeln. Der obere Flügel kann separat geöffnet werden, so daß das eingesperrte Pferd seinen Kopf nach draußen strecken kann. Von großem Vorteil ist es, wenn ein Auslauf direkt vorgelagert ist.
- **Außenbox mit Luke:** Wie die oben beschriebene Außenbox, jedoch ist der *obere Flügel (Luke)* der Doppeltür abmontiert, so daß die Luke *ganzjährig geöffnet* ist. Somit ist für das Pferd ständig die Möglichkeit zum Hinausschauen gegeben, und es ist für gute Luft gesorgt.

*Eine Außenbox mit Luke: Hier gibt es keine obere Türhälfte, die man verschließen könnte.*

Alle nachfolgenden Haltungs-Systeme können zumindest als artgerecht bezeichnet werden, wenn auch die für das Pferd wünschenswerte Lebensqualtität bei dem einen oder anderen System nur durch guten Willen und großen Arbeitseinsatz voll und ganz erreicht wird.

- **Außenbox mit Auslauf und Rohrbegleit-Heizung:** Wie die links beschriebene Außenbox, jedoch mit fest angeschlossenem Auslauf sowie einer Rohrbegleit-Heizung (R-Heizung) für die Wasserleitungen und für die Tränke. Eine alleinige Isolation der Wasserleitungen genügt hierbei in der Regel nicht. Andere Systeme wie beispielsweise eine Umlaufheizung sind gegebenenfalls möglich.
- **Außenbox mit Luke und Auslauf und R-Heizung:** Wie die beschriebene Außenbox mit Auslauf und R-Heizung, jedoch mit Luke (siehe Seite 63).
- **Offenbox:** Wie die beschriebene Außenbox, jedoch ohne jegliche Türen. Am Stall muß ein fest angeschlossener Auslauf vorhanden sein, der stets zugänglich ist.
- **Laufbox, Tränke außen:** Wie Offenbox, jedoch muß das Pferd zur außerhalb des Ruheraumes liegenden Tränke *laufen*. Dabei soll es mindestens mit seinem gesamten Körper außerhalb des Ruheraumes stehen müssen.
- **Laufbox, Futterplatz außen:** Wie Offenbox, jedoch muß das Pferd zum außerhalb des Ruheraumes liegen-

*Außenboxen mit Auslauf: Die geringe Breite der Ausläufe wird jeweils durch die Boxen vorgegeben und sollte voll genutzt werden. Eine Einzäunung mit Elektroband oder -draht, zu der die Pferde immer einen gewissen Abstand halten, sollte daher vermieden werden, um den Pferden eine optimale Bewegungsfreiheit bieten zu können.*

*Die Außenbox mit offenem oberem Türteil bringt den Pferden zwar bereits eine etwas bessere Lebensqualität, ist aber für Fohlen dennoch nicht gerade geeignet.*

den Futterplatz *laufen*. Dabei soll es mindestens mit seinem gesamten Körper außerhalb des Ruheraumes stehen müssen.

- **Laufbox, Tränke und Futterplatz außen:** Wie Offenbox, jedoch muß das Pferd zur außerhalb des Ruheraumes liegenden Tränke *und* zum Futterplatz *laufen*. Dabei soll es mindestens mit seinem gesamten Körper außerhalb des Ruheraumes stehen müssen.
- **Kombi-Laufbox:** Dieses System stellt eine Kombination von Außenbox und Laufbox dar. (Nähere Beschreibung auf Seite 77)

*Außenboxen mit Auslauf: Hier hatte der Pferdehalter Verständnis für die Belange der Pferde und ließ sie trotz niedriger Temperaturen nach draußen. Eingefrorene Tränken gibt es in diesem Stall nicht, da alle Tränken und Zuleitungen beheizt sind.*

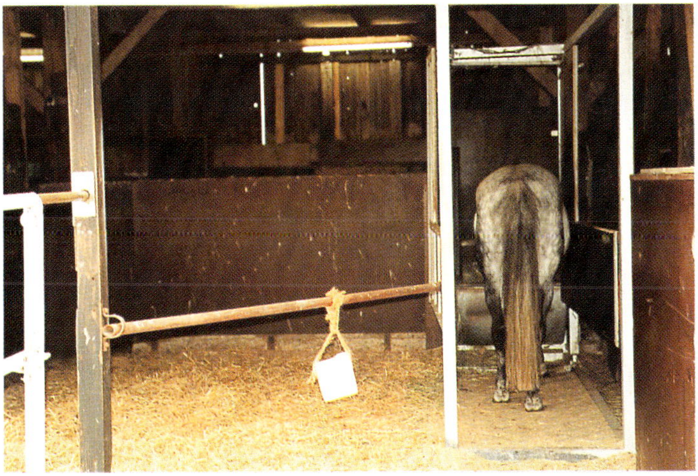

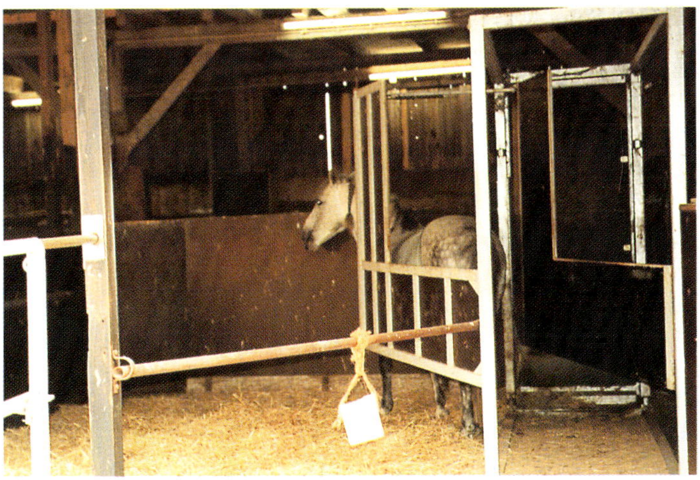

*Pferde gehen nicht gerne rückwärts. Diese Erkenntnis wird bei der Bewegungsbox genutzt. Nach einer gewissen Zeit schwenken die beiden Futterstand-Seitenwände nach links und versperren somit den Zugang zum Futter, öffnen aber gleichzeitig den Ausgang. Das Pferd verläßt den Stand nach vorne, gelangt in den Ruheraum und kann sich von dort in den Auslauf bewegen, um dann nach einer gewissen Zeit wieder den Futterstand aufzusuchen.*

- **Bewegungsbox:** Das Pferd wird durch mechanische beziehungsweise elektronische Einrichtungen *zigfach pro Tag* in einem Futterstand oder ähnlichem mit einer kleinen Futtermenge versorgt und nach einer gewissen Futteraufnahme dabei zwangsweise auf einem Rundkurs im Auslauf *bewegt.* Auf diesem Kurs soll dabei die kürzeste Wegstrecke zwischen Futterstandausgang und Futterstandeingang mindestens 20 Meter betragen.

*Die Haltung in Anbindeständern gibt es leider immer noch!*

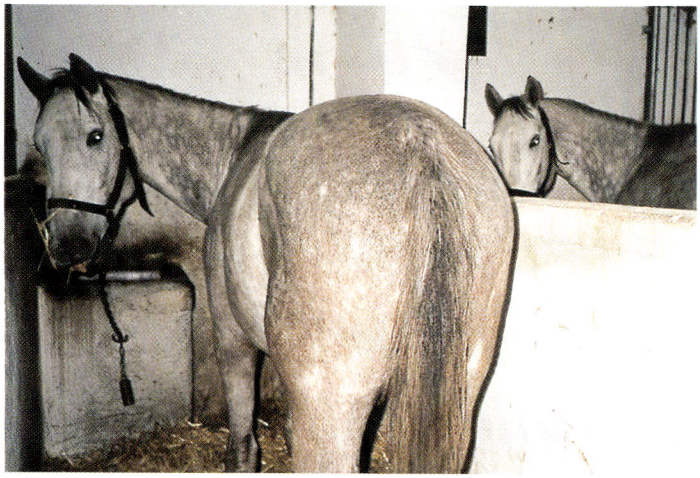

## Bewertung der Einzelhaltungs-Systeme

Bewußt ist die Haltung in Anbindeständern nicht erwähnt worden, weil sie in der heutigen Zeit als Haltungsform nicht mehr zu vertreten ist. Sie dient nur der Bequemlichkeit des Menschen und hat für die Pferde keinerlei Vorteile. In dieser Beziehung brachte die Einführung der Boxenhaltung schon wesentliche Vorteile für das Pferd mit sich. Diese „Vorteile" wie zum Beispiel die größere Bewegungsfreiheit darf man jedoch nur relativ betrachten.
Die **Außenboxen** führten dann allerdings wirklich zu einem beachtenswerten Qualitätszuwachs: Die Pferde erhielten nun neben der größeren Bewegungsfreiheit auch bessere Luft, Abhärtungsmöglichkeiten durch Klimaanpassung und einen guten Sichtkontakt zum Nachbarn und zur Umgebung.
Das spätere Hinzufügen eines **Auslaufes direkt vor der Außenbox** ist ebenso positiv zu bewerten. Dies war ein wirklich großer Sprung in die richtige Richtung! Durch den Auslauf kamen zur noch größeren Bewegungsfreiheit und den erwähnten Vorteilen außerdem die vermehrten Riech-, Hör- und Berührungskontakte hinzu. Mit dem Auslauf vor der Außenbox wurde anscheinend wirklich eine entscheidende Schwelle überschritten, denn inzwischen zeichnet es sich ab, daß für viele Pferdehalter dies das „Ende der Fahnenstange" in der Pferdehaltung bedeu-

**Was will das Pferd?**

*Ich dachte erst, ich hätte falsch gehört, als eine Dame, die sich seit Jahren für den Tierschutz einsetzt, neulich in einem Gruppengespräch allen Ernstes äußerte: „Woher wissen wir eigentlich, was das Pferd will und was nicht? Vielleicht will es gar nicht raus aus seiner Box, vielleicht fühlt es sich innen viel wohler?" Ja – vielleicht. Aber alles spricht dagegen …*

tet. Sie meinen, sie hätten nun genug für das Pferd getan, und so bekommt die verbesserte Stall-/Auslauf-Einrichtung sehr oft eine Alibi-Funktion. Wie sonst wäre es zu erklären, daß man landauf, landab sehr oft verschlossene Boxentüren mit unbenutzen Ausläufen davor antrifft und die Pferde in ihren miefigen Boxen stundenlang vergeblich auf „Freigang" warten?

Die Außenbox mit Auslauf kann also nicht als optimale Haltungsform angesehen werden, denn zu viele Hemmnisse und Unwägbarkeiten stellen sich dem Wohlbefinden des Pferdes entgegen. Hat der Pferdehalter mal keine Lust, weil er zum Beispiel am Vorabend zu viel „gebechert" hat und deshalb nicht rechtzeitig aus dem Bett kommt oder weil es draußen vielleicht gerade „viel zu kalt" ist, dann bleibt das Pferd halt ganz einfach eingesperrt.
„So schlimm wird das ja wohl nicht sein", denken Sie jetzt vielleicht. Doch – es ist meiner Ansicht nach sogar mehr als schlimm, wenn man sich immer wieder vor Augen hält, was wir mittlerweile alle wissen:

- daß ein deutsches Reitpferd im Durchschnitt keine zehn Jahre alt wird und
- daß weit über 60 Prozent aller Pferde atemorgangeschädigt sind!

### Tote zählt man nicht

*„Komisch, in unserem Stall gibt es eine große Anzahl von Pferden, die alle weit über zehn Jahre alt sind!" höre ich immer wieder. Klar – die toten Pferde, die nicht so alt wurden, zählt man ja nicht mit!*

Und auch das wissen wir inzwischen: Unsere Pferde stehen sich tot! Selbst in einem Auslauf bewegen sie sich

*Offenboxen mit kleinsten Ausläufen: Von Laufen kann hier nicht die Rede sein – aber immerhin wird der Raum optimal genutzt. Die Zaunhöhe wurde so niedrig gewählt, daß die Pferde bequem mit dem Kopf über die oberste Stange reichen können.*

*Außenboxen mit Auslauf: Wenn eine Rohrbegleit-Heizung vorhanden ist, werden die Pferde mit größerer Wahrscheinlichkeit auch bei niedrigen Temperaturen herausgelassen.*

*Ein Heizkabel, das an das Wasserrohr angelegt oder um die Tränke herumgeschlungen wird, ergibt die Rohrbegleit-Heizung. Sie oder ein anderes Wärmesystem sollte in jedem artgerechten Stall vorhanden sein.*

kaum – bei einer Einzelhaltung natürlich noch weniger als bei einer Gruppenhaltung. Auf alle Fälle laufen sie in einem einfachen Auslauf keine vier bis sechs Stunden pro Tag herum, wie das erforderlich wäre.

Außerdem machen wir uns selbst etwas vor, wenn wir glauben, wir könnten unsere Pferde hierzulande mehr als sechs Monate pro Jahr auf der Koppel halten. Das mag in ganz wenigen Fällen möglich sein, zum Beispiel dort, wo ausreichend Land vorhanden ist. Die Masse der Pferde bleibt aber eingesperrt – allein schon wegen der Kälte im Winter. Schließlich sollen doch die Wasserleitungen nicht platzen ...

Deshalb sollte man, wenn man an sein Pferd (und auch an die hohen Reparaturkosten bei geborstenen Leitungen) denkt, frostfreie Tränken und Zuleitungen in den Stall installieren. Dann können alle Türen und Fenster auch bei bitterer Kälte offen bleiben.

**Außenboxen mit Auslauf und Rohrbegleit-Heizung** sind also das Mindeste, wenn man sein Pferd artgerecht halten möchte. Alternativ zur Rohrbegleit-Heizung kann man das Wasser zum Beispiel auch anwärmen und umpumpen.

Das Heizsystem ist deshalb so wichtig, weil es dem Halter die Möglichkeit bietet, sein Pferd auch im Winter frei laufen zu lassen. Ob er allerdings die gute Möglichkeit nutzt, liegt alleine an ihm. Trotzdem ist diese Haltungsform qualitativ deutlich höher einzuschätzen als die Außenbox mit

Auslauf ohne frostsichere Wasserzufuhr. Denn die Wahrscheinlichkeit, daß der Halter auf die Vorteile zurückgreift, ist größer: Die Pferde werden sicherlich auch bei kalter Witterung öfters hinausgelassen, als das bei der „normalen" Außenbox mit Auslauf der Fall ist.

Auch die **Außenbox mit Luke und Auslauf** ist der verschließbaren Außenbox deutlich vorzuziehen. Weil man die Luke gar nicht dicht machen kann, müssen entsprechende Heizungen eingebaut werden, sofern man das Wasser nicht in Eimern herbeischleppen will.

Bei allen bisher beschriebenen Systemen mußte sich das Pferd nach den Vorstellungen des Halters und/oder Reiters richten. Hatte der Halter gerade mal keine Zeit, war das Wetter zu schlecht oder wollte der Reiter kein regennasses Pferd satteln, dann blieb dieses eben in seiner Box – ob es wollte oder nicht!
Ganz anders ist dies in der **Offenbox**. Bei diesem Haltungs-System kann das Pferd selbst entscheiden, wo es sich am liebsten aufhalten will. Es ist den Unzulänglichkeiten der Menschen und deren Zeitrhythmus deutlich weniger ausgesetzt. Alles ist offen, das Pferd kann nach Belieben rein oder raus – je nachdem, wie es sich fühlt.
Nun ist es aber so, daß sich Pferde (besonders, wenn sie einzeln gehalten werden) kaum grundlos bewegen – es sei

### *Auslauf nur bei „gutem" Wetter?*

*Neulich erkundigte sich eine Dame bei mir, wie sie den Auslauf für ihre Außenboxen gestalten sollte. In der Unterhaltung fragte ich dann auch, warum sie denn nicht gleich Offenboxen oder ähnliches bauen würde. „Nein, nein, das kommt für mich nicht in Betracht. Wenn es kalt wird, dann will ich die Pferde einsperren. Sonst müßte ich ja zum Ausgleich für den Energieverlust in der Kälte zu viel zufüttern. Ich bin doch nicht dumm ... "*
*Wirklich?*

*Eine Offenbox in recht „offener" Bauweise: In dieser Box, die keine geschlossenen Wände aufweist, sollen Hengste untergebracht werden.*

*Laufboxen mit Futterplatz außen und ziemlich langem Auslauf. Die Koppel grenzt direkt an.*

*Bei der Haltung in einer Laufbox wird wenigstens ansatzweise der natürliche Zustand nachgestellt: Dieser Hengst „markiert" sein Territorium durch Misten auf der jeweiligen Lauf-Bahn und gegenüber seinen beiden Nachbarn.*

denn, es liegt irgendein Zwang vor wie zum Beispiel die Notwendigkeit, Nahrung oder Wasser zu suchen. Ohne einen solchen Anlaß dösen sie meist vor sich hin und warten darauf, bald wieder mit Futter versorgt zu werden.

Um dieser Tatenlosigkeit entgegenzuwirken, wurde die **Laufbox** konzipiert. Der Trick bei dieser Haltungsform besteht darin, daß man das Pferd zum „Laufen" zwingt, indem man zum Beispiel Tränke oder Futterplatz vom Ruheraum trennt (System Piotrowski, Braunschweig). Liegt die Tränke nämlich im Auslauf, dann muß das Pferd bei Wind und Wetter, Kälte oder Hitze, Tag oder Nacht seinen Ruheraum verlassen, um Wasser aufnehmen zu können.

Erstmals wird hier also bewußt ein Konzept angewandt, das das Pferd anregt, sich öfters zu bewegen. Während sich die Pferde bei allen bisher beschriebenen Systemen nur aus ihrer Laune heraus bewegen, werden sie nun durch dieses Konzept zum Laufen angehalten. Sie trainieren sich also automatisch und werden damit gesundheitlich gestärkt.

Je größer der Auslauf vor einer Laufbox ist und je weiter die einzelnen Anlauf-Stationen wie zum Beispiel Tränke, Ruheraum, Futterplatz und Wälzplatz voneinander entfernt sind, um so mehr muß das Pferd „laufen". So ganz nebenbei werden obendrein die Sinnesorgane angeregt und geschult, denn das Pferd sieht, hört und riecht auf seiner „Wanderschaft" die vielfältigsten Dinge. Kurz: Bei der Haltung in der Laufbox wird für das Pferd bereits ansatzweise der natürliche Zustand nachgestellt.

Wenn man sich mit Pferdebesitzern über mögliche Haltungs-Systeme unterhält, hört man sehr oft, daß die Laufbox für ihre Pferde nicht in Frage käme. Viele argumentieren damit, daß sie ihre Pferde wenigstens in der Nacht sicher verschlossen wissen wollen.

Für diese Fälle wurde die **Kombi-Laufbox** entwickelt. Sie bietet die Möglichkeit, das Pferd tagsüber wie in einer Laufbox zu halten, es aber nachts wie in einer normalen Außenbox einzusperren. Nun kann man aber eine normale Laufbox nicht einfach verschließen, weil das Pferd ja dann nicht mehr an das Futter und die Tränke im Auslauf käme. Das Besondere an diesem System ist also, daß die Futterstand-Wand schwenkbar aufgehängt ist: So kann man sie bei Bedarf zur Außenwand der Box hinschwenken. Ein Gelenk in der Wand läßt sie gerade so weit abknicken, daß der Eingang zum Futterstand durch den schmalen Teil der Futterstand-Wand versperrt ist. Der längere Teil der Wand legt sich flach an die Boxenwand an und wird verriegelt. Schließt man anschließend noch die beiden Türteile der Box ab, so ist das Pferd total sicher untergebracht.

Die Bewegungsanreize der Laufbox und besonders die Futterverteilung über den ganzen Tag können wesentlich verbessert werden, wenn man sein Pferd in einer **Bewegungsbox** unterbringt. Der Aufbau gleicht der Kombi-Laufbox, aber zu der einen Futterstand-Wand kommt eine

*Die Kombi-Laufbox ermöglicht es, das Pferd nachts in die Box einzusperren, ohne daß es dabei auf den angestammten Futterplatz verzichten muß. Die Seitenwand des Ruheraumes kann in den Futterstand hineingeschwenkt werden.*

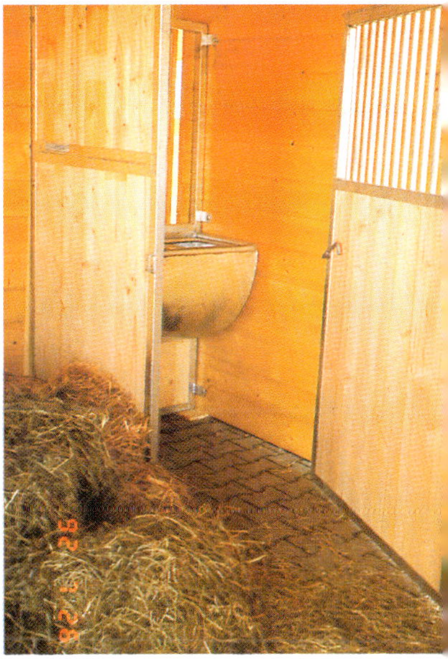

zweite an der Boxenwand hinzu. Beide Wände sind schwenkbar und werden mechanisch gemeinsam nach innen abgestellt oder wieder zurückgefahren. Hat das Pferd nun im Futterstand genügend Nahrung aufgenommen, so wird über eine Zeitfunktion die Mechanik in Bewegung gesetzt. Dadurch bewegen sich die Wände langsam nach innen und versperren den Futterplatz, geben dafür aber nach vorne den Ausgang aus dem Futterstand frei, den das Pferd nun verläßt.
Da diese Mechanik je nach Zeiteinstellung zigmal am Tag in Kraft gesetzt werden kann, bewegt sich das Pferd regelmäßig zwischen Tränke, Ruheraum und Futterstand hin und her. Daher der Name der Bewegungsbox ...

## Bewertung der Gruppenhaltungs-Systeme

Das Pferd als Herdentier kommt aber in keiner Form der Einzelhaltung (Box) zu seinen Rechten. Daher sollte man unter allen Umständen der Gruppenhaltung (Stall) den Vorzug geben. Doch nicht nur das Pferd profitiert von dieser Haltungsart, sondern auch der Mensch, denn ihm werden viele Probleme der Einzelhaltung abgenommen.
Das einfachste Stallhaltungs-System ist die **Innenbucht**. Sie ist ganz einfach wie eine große Innenbox angelegt und kann – je nach Größe – mehrere Pferde aufnehmen. Diese Form ist bei der Jungpferdeaufzucht am weitesten verbreitet.
Der Innenbucht-Stall hat den großen Vorteil, daß die sozialen Bedürfnisse der Pferde voll und ganz abgedeckt werden können. Außerdem regen sich die Pferde alleine dadurch, daß sie in der Gruppe gehalten werden, selbst zur Bewegung an – zum Beispiel, indem sie einander ausweichen und hinterherlaufen oder spielerisch aktiv sind.
Die Haltung in der Innenbucht hat aber auch deutlich erkennbare Nachteile wie etwa die eventuell schlechte Stallluft, die geringe Lichteinwirkung sowie klimatechnische, aber auch futtertechnische Probleme und zu beengte räumliche Verhältnisse.

### *Offenes Haus*

*Der bekannte Schweizer Pferdemann Pierre Burkhardt ist von Beruf Architekt. Er hat für sich und seine Pferde ein neues Haus gebaut: Unten wohnen die Pferde, oben ist er eingezogen. Dort oben hat er sich auch Fenster und Türen geleistet, während er auf diese unten bei den Pferden völlig verzichtet hat. Für die Pferde ist somit wirklich alles offen!*

Im Gegensatz zur Innenbucht ist der **Offenstall** zum Auslauf hin stets offen, so daß sich die Pferde nach Belieben im Auslauf oder im Stallinneren aufhalten können. Gefüttert

*Neu erbautes Wohnhaus mit Pferdehaltung. Hier wurden die Bedürfnisse der Pferde gleich von Beginn an berücksichtigt: Der Laufstall mit vorgelagertem Auslauf (Bodenfütterung und Tränkewanne außen) bietet Bewegungsmöglichkeiten, und durch die fenster- und türenlosen Öffnungen dringt ständig frische Luft.*

und getränkt wird bei diesem Haltungs-System immer im Stall, was natürlich zu gewissen Problemen führt, denn im Stall befindet sich ja auch der Ruheraum.

Meistens ist der Offenstall an drei Seiten geschlossen und an einer Breitseite offen. Befindet sich die Öffnung an einer schmalen Seite, so ist unbedingt darauf zu achten, daß diese breit genug ist. Wenn sich nämlich ein ranghohes Tier in die Nähe des Einganges stellt, dann ist der Zugang/Ausgang für die anderen Pferde blockiert. Sollte keine der vier Seiten ganz offen sein, so ist es besonders wichtig, daß mindestens zwei große Ein-/Ausgänge vorhanden sind, damit auch rangniedrigere Pferde problemlosen Zugang zum Stallinneren haben.

Die Haltung im Offenstall bringt also einige Nachteile mit sich, die beim **Laufstall** ausgeschaltet sind. Dieses System basiert – wie auch die bereits beschriebene Laufbox – auf der Trennung von „Tisch" und „Bett" und regt die Pferde so zum Laufen an. Da es sich nun um eine Gruppe handelt, ist es wichtig, daß die einzelnen Anlauf-Stationen nicht nur weit auseinander liegen, sondern auch für eine reibungslose Versorgung jedes einzelnen Pferdes der Gruppe geeignet sind. Es gibt zwar beispielsweise Futtertröge und Rundraufen, die jedem Pferd den Zugang zur Nahrung ermöglichen, aber solche Einrichtungen kommen nicht an die Vorteile der Futterstände heran.

Beim **Laufstall mit Tränke und Futterständen außen** handelt es sich um eine Haltungsform, die durchaus als hervorragend angesehen werden kann. Voraussetzungen für eine gelungene Umsetzung dieses Prinzips sind allerdings die

geschickte Ausnutzung des Geländes und der vorhandenen Gebäude sowie ein genügend großes Auslaufgebiet.
Besser für die Pferde ist nur noch der **Bewegungsstall**. Ein wichtiger Bestandteil dieses Haltungs-Systems ist die **Computer-Abruf-Fütterung**, die in der Rinder- und Schweinehaltung seit Jahrzehnten erfolgreich angewendet wird.
Die meisten Schäden beim Pferd treten nun mal im Bewegungsapparat und im Verdauungstrakt auf – einmal, weil sich das Pferd zu wenig bewegt und zum anderen, weil es meist nicht „pferdegemäß" ernährt wird. Wer hat auch die Möglichkeit, sein Pferd vier bis sechs Stunden am Tag zu bewegen, und wer kann es weit über 20mal am Tag mit kleinen Futterportionen versorgen, so wie die Pferde sich eben in der Natur ernähren!?

*Unten links:*
*Offenstall in der bekannten, dreiseitig geschlossenen Bauausführung*

*Oben rechts:*
*Fahrbarer Offenstall: Das halb eingegrabene Rad ist gut sichtbar. Die Ein-/Ausgänge können mit den Holzstangen abgesperrt werden.*

*Rechts:*
*Laufstall, Tränke und Futterplatz außen: Als Tränke dient ein vor den Stall gesetzter Brunnen, als Futterplatz eine Rundraufe. Der Auslauf ist mit Rasengittersteinen und einer dünn aufgetragenen Sandschicht ausgelegt.*

Geben wir es doch zu: Wir Menschen können es nicht! Zeitliche, finanzielle und praktische Schwierigkeiten verhindern, daß diese Probleme von uns selbst gelöst werden können. Deshalb „müssen“ wir, wenn wir dem Pferd optimale Haltungsbedingungen bieten wollen, auf die bewährte Technik und den Computer zurückgreifen. Diese sicheren, erprobten Hilfsmittel machen es möglich, das Pferd ständig in ausreichender Bewegung zu halten und es obendrein noch zigmal am Tag mit kleinen Futterportionen zu versorgen. Gelenke, Sehnen, Muskeln und alle Verdauungsorgane werden so gleichmäßig schonend belastet. Überbeanspruchungen fallen weg, Stoffwechselschwierigkeiten treten nicht auf, und die Reiter finden zu allen Tageszeiten einsatzbereite Pferde vor. All dies erreicht man durch den gezielten Einsatz des Fütterungs-Computers.

*Unten rechts:*
*Laufstall, Tränke und Futterplatz außen: Bei diesem Stall in bedenklicher Qualität ist der linke Raum als Futterplatz gedacht. Der Ruheraum rechts wird aber nicht angenommen (kein Wunder), und die Pferde liegen ganz einfach auf dem Futterplatz.*

*Oben links:*
*Laufstall, Tränke und Futterplatz außen: Im vorderen Teil sind die Futterstände untergebracht, im hinteren befindet sich der Ruheraum. Die Tränke ist außen (rechts) an der Wand angebracht.*

*Links:*
*Laufstall mit Futterplatz außen: Diese anspruchsvolle und gepflegte Anlage zeigt, daß das „Schmuddel-Image“ der artgerechten Pferdehaltung zumindest in einigen Betrieben bereits überholt ist.*

> ### *Kraftfutter erlaubt*
>
> *„Aber mein Pferd darf kein Kraftfutter bekommen", hört man oft von Zweiflern. Da per Computer-Fütterung auch ganz kleine Futtermengen verabreicht werden können und die Pferde sich obendrein ständig bewegen, „sticht" sie der Hafer aber ganz bestimmt nicht!*

In der sogenannten **Kraftfutter-Station** bekommt jedes Pferd gleichmäßig über den ganzen Tag verteilt die ihm zugedachte Ration. Diese individuelle Fütterung wird über eine Erkennungseinrichtung gesteuert, deren Funktionsweise der einer Bank-Scheckkarte ähnelt. Das Pferd sucht diese Station also gerne und sehr oft am Tag auf. Und genau diesen Umstand macht sich nun der Bewegungsstall zunutze: Das aus der Station austretende Pferd wird durch ein Klapptor hindurch in eine Einbahngasse geleitet und damit gleichzeitig auf einen Rundkurs geschickt (System Ullstein jun., Gut Wildschwaige). Damit ist bei gleichzeitig schonend verabreichtem Kraftfutter eine ständige Bewegung gegeben – vom Futter weg und wieder zum Futter hin, mit Umwegen über die Tränke-Station, den Ruheraum oder den Rauhfutterplatz und so weiter.

Eine beachtenswerte Verbesserung des Bewegungsstalles erzielt man, wenn man durch Hinzufügen eines **Futterraumes** (System Ullstein jun., Gut Wildschwaige) auch die Rauhfutter-Versorgung dem Computer überläßt. Der Futterraum, der zum Beispiel eine alte Scheune oder auch nur ein mit einem Zaun eingefaßter Platz sein kann, ist über eine Einlaß-Station zu erreichen und über ein Ausgangs-Tor wieder zu verlassen. Hinein kommt das Pferd nur, wenn der Computer dies erlaubt, denn er verteilt ja die Futterration über die verschiedenen Besuche. Der Computer läßt nur so viele Pferde in den Futterraum, wie Futterstände vorhanden sind. Verläßt nun ein Pferd den Raum über das

*Eine speziell für Islandpferde angefertigte Computer Abruf Fütterung, die die Pferde viele Male am Tag zur Bewegung anregt.*

Ausgangs-Tor, so wird dies im Computer registriert, und ein anderes Pferd kann den vorher wegen Vollbesetzung gesperrten Futterraum betreten.
Da dieser Vorgang ebenfalls viele Male am Tag stattfindet, haben die Pferde neben dem Aufsuchen der Kraftfutter-Station einen weiteren Bewegungsanreiz: Wenn sie den Futterraum aufsuchen und wieder verlassen, bewegen sie sich wiederum auf dem Rundkurs.
Baut man auf diesem Rundkurs gewisse Geländeschwierigkeiten wie beispielsweise einen Wassergraben, Baumstämme, An- und Abstiege oder unterschiedliche Bodenstrukturen ein, so bekommt man einen komplettes „Trimm-Programm" zusammen, das den gesamten Bewegungsapparat beansprucht und die Sinnesorgane der Pferde schärft.
Besser kann man sein Pferd, wenigstens in einem Stall-System am Haus, sicherlich nicht versorgen – und gleichzeitig wird es auch noch durch ständige Bewegung trainiert! An dieser Tatsache ändern auch die hie und da geäußerten Bedenken von „Fachleuten" nichts.

## Der Bewegungsstall – zu Unrecht kritisiert

Meistens wird argumentiert, bei solch großem technischem Aufwand ginge der Kontakt zum Tier verloren, der beim täglichen Futtergeben von Hand eben noch aufrecht erhalten bleibe. Solche Behauptungen basieren aber wieder auf falschen Vergleichen, denn der „Futtermeister Computer" wird ja sowieso nur bei großen Pferdebeständen eingesetzt, also meist in Pensionsställen. Dort aber füttern die Besitzer ihre Pferde doch auch bei Boxenhaltung nicht selbst, sondern lassen es füttern. Und selbst wenn an der Sache mit dem persönlichen Kontakt etwas Wahres wäre, könnte man die durch Computer-Fütterung gesparte Zeit leicht dazu verwenden, sich mit seinem Pferd anderweitig zu beschäftigen – und zwar sinnvoller, als wenn man ihm nur den Futtertrog füllt.
Oft wird auch angeführt, daß die Kontrolle über das verwendete Futter und besonders darüber, ob es minderwertig oder gar verdorben ist, schlecht möglich sei. Die Mengen seien dafür zu groß, und man verlöre die Übersicht. Dieses Argument ist genauso vordergründig, denn wenn

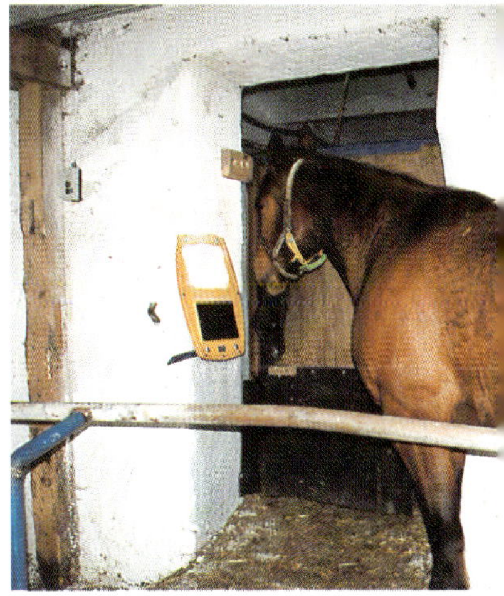

*Futterraum in Verbindung mit der Computer-Abruf-Fütterung: In den abgeteilten Futterraum können die Pferde nur gelangen, wenn die Tür durch die Erkennungsanlage entriegelt wird. Im Futterraum befinden sich mehrere Futterstände. Sind diese alle besetzt, so wird die Tür zum Futterraum nicht mehr geöffnet. Verlassen können die Pferde den Futterraum nur durch das Ausgangs-Tor. Dabei werden sie registriert, so daß der Computer nun ein „neues" Pferd in den Futterraum eintreten läßt.*

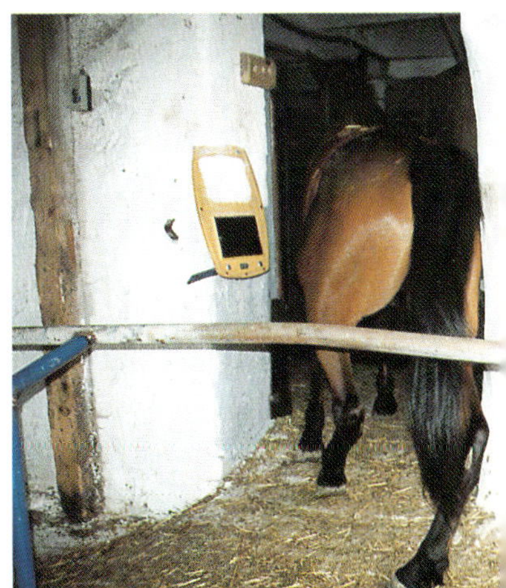

*Der Zugang zu den Futterständen im Futterraum wird durch den Computer individuell geregelt.*

es denn so wäre, dann müßte man ja jede Ware aus der Silohaltung ablehnen – und zwar unabhängig vom Haltungs-System.
Und natürlich wird auch die Betriebssicherheit der Technik angezweifelt, obwohl man weiß, daß die Computer-Fütterung schon seit circa 25 Jahren bei der Rinderhaltung angewendet wird. Auf Gut Wildschwaige wurde die Pferdefütterung per Computer auch schon vor über zehn Jahren erprobt und fertig entwickelt, und seither wird sie sehr erfolgreich praktiziert. Natürlich haben wir mittlerweile viel gelernt – oder besser: Die Pferde haben uns vieles beigebracht! Im Laufe der Jahre ist die Fütterungstechnik ausgefeilter und sicherer geworden, aber selbst die Mängel aus den Anfangsjahren konnten gegenüber den nicht zu verleugnenden Riesenvorteilen vernachlässigt werden.

## Ganzjährige Weidehaltung

In den sehr selten vorhandenen ganzjährigen Weidegebieten, in denen das Pferd praktisch fast wie in der Wildbahn lebt, kennt man die Beengungen der beschriebenen Haltungs-Systeme nicht. Hier „stimmt" sicherlich alles, und das Pferd muß sich nicht an zu enge Ausläufe, matschige Koppeln oder unzureichend angebotenes Futter gewöhnen.
Die LAG unterscheidet bei diesen „freien" Haltungen folgende Varianten:

*Bei den „freien" Haltungsformen versorgen sich die Pferde an Bächen, Flüssen oder Seen mit Wasser.*

- **Laufstall ohne Auslauf:** Hier haben die Pferde ganzjährigen Weidegang, sie müssen also zum Futterplatz, nämlich zur Weide, „laufen“. Zum Schutz, beispielsweise vor Insekten, können sie lediglich einen Unterstand aufsuchen. Sie sind also praktisch Selbstversorger – auch bezüglich der Wasseraufnahme, die aus einem Teich, einem Bach oder ähnlichem erfolgt.
- **Weide/Wald:** Auch hier versorgen sich die Pferde ganzjährig durch Weidegang selbst mit Futter. Zum Schutz können sie lediglich Wälder, Büsche oder ähnliches aufsuchen. Als Tränke dient ein Bach, ein See oder ein Fluß.

## Grundanforderungen an eine „natürliche“ Haltung

Die Beschreibungen und Darstellungen machen deutlich, daß es ganz einfache, aber auch recht aufwendige Haltungs-Systeme gibt. Alle Haltungsformen, die als „natürlich“ und artgerecht eingestuft werden können, weisen ganzjährig mindestens einen Ruheraum, einen Futterplatz, eine Tränke sowie einen Auslauf auf. Sie müssen so beschaffen und gestaltet sein, daß sich die Pferde nicht verletzen können. Außerdem sollte zumindest halbjährig eine ausreichend große Weide dazugehören.

*Scharfe oder spitze Kanten, wie sie hier bei den beiden Toren gut zu sehen sind, sollte es in einer verantwortungsbewußten Pferdehaltung nicht geben.*

Zu den Anforderungen an eine „natürliche“ Haltung zählt es auch, daß die Pferde sich bequem hinlegen, ungehindert aufstehen und sich wälzen können. Die Liegeflächen müssen dabei immer eingestreut sein.
Da die „natürlichen“ Haltungs-Systeme sowieso immer offen sind, wird die Frage nach den Klimabedingungen automatisch beantwortet, denn diese folgen den äußeren Gegebenheiten. Das immer wieder heftig diskutierte Thema „Zugluft im Stall“ ist sicherlich auch in den Griff zu bekommen. Entsprechende Baumaßnahmen oder neuartige Windnetze lösen diese Probleme, die ja eigentlich keine Pferde Probleme sind.
Wie bereits erläutert, ist das Sonnenlicht außerordentlich wichtig für den gesamten Stoffwechsel, der den allgemeinen Gesundheitszustand und das Wohlbefinden des Pferdes positiv beeinflußt.

## Ergänzendes Handbuch

*Die Mindestmaße und Bedingungen (auch bezüglich der Klima-, Luft- und Lichtverhältnisse) für die einzelnen Haltungs-Systeme sowie praktische Ratschläge und Anleitungen können Sie meinem ergänzenden Handbuch **„Natürlich artgerechte Pferdehaltung“.** entnehmen. In dieser Loseblattsammlung werden fortlaufend sämtliche Werte und Bauausführungshinweise festgehalten und aktualisiert. Außerdem finden Sie dort Anschriften von Lieferanten. Informationsmaterial über das Handbuch können Sie mit dem vorgedruckten Formular ganz hinten in diesem Buch anfordern.*

## „Technische“ Daten:

- *Außenbox-Grundfläche: $(2 \times Wh)^2$ (Wh = Widerristhöhe). Bei einem 1,70 Meter großen Pferd beträgt die Mindestfläche also circa zwölf Quadratmeter.*
- *Offenstall-Grundfläche: $3 \times Wh^2$. Bei einem 1,70 Meter großen Pferd liegt die Mindestfläche also bei circa neun Quadratmetern.*

Prof. Dr. Ulrich Schnitzer von der Universität in Karlsruhe hat schon vor vielen Jahren eine wichtige Formel zur Berechnung von Mindestgrundflächen entwickelt. Er ermittelt die Fläche unter Berücksichtigung der Pferdegröße, weil kleinere Pferde natürlich mit weniger Platz auskommen können als große.

Die Aufstellung auf der folgenden Doppelseite zeigt nochmals alle derzeit bekannten Haltungs-Systeme auf und bewertet diese nach Qualitätsmerkmalen für eine möglichst „natürliche“, artgerechte Pferdehaltung. Mit dieser Übersicht fällt es sehr leicht, das für bestimmte Nutzungsarten am besten geeignete Haltungs-System herauszufinden.
Hier muß nochmals daran erinnert werden, daß man nur Gleiches mit Gleichem vergleichen kann! Wenn man mit seinem Pferd täglich zwei Stunden unterwegs ist, dann kann die notwendige, entsprechende Haltungsform eventuell anders gewählt werden, als wenn das Pferd nur alle zwei Tage „bewegt“ wird, und dann auch nur eine Stunde lang. Es sind also viele Faktoren zu berücksichtigen, wenn man das für sein Pferd optimale Haltungs-System herausfinden will.

Die Qualität der verschiedenen Haltungs-Systeme hängt natürlich in einem sehr großen Maße von den Ausläufen und Weiden mit ihren unterschiedlichsten Gestaltungsmöglichkeiten (siehe hierzu Seite 109 und 125), aber auch

*Ein-/Ausgang eines Offen-/Laufstalles, wie er möglichst nicht sein sollte. Eine Öffnung pro Stall ist immer zu wenig, und in diesem Fall müssen die Pferde auch noch gleich um die Ecke laufen.*

von den verwendeten Fütterungseinrichtungen und den Tränkekombinationen ab. Da es sehr viele Einrichtungsteile für unterschiedliche Anwendungsbereiche gibt, sollen sie nachfolgend eigens beschrieben werden.

## *Pferde müßten Dackel sein ...*

*Das Pferd als hochspezialisiertes Lauftier soll also bei einem Stockmaß von 1,70 Metern mit einer Boxengrundfläche von zwölf Quadratmetern auskommen.*
*Diese Berechungsart habe ich einmal auf einen normalen Dackel übertragen und kam dabei zu dem Ergebnis, daß der Dackel nach dieser Formel leicht in einer Box mit den Ausmaßen von vier Bierkästen unterzubringen wäre. Doch obwohl ja ein Dackel kein so ausgeprägtes Lauftier ist wie ein Pferd, käme kein Dackelbesitzer je auf die Idee, seinen Vierbeiner 23 Stunden am Tag in einen solchen Käfig zu sperren, um ihn dann für eine Stunde spazierenzuführen! Nein, der Dackel kann überall stundenlang herumtollen – in der Küche, im Wohnzimer, auf dem Sofa, im Garten und so weiter. Dazu kommt noch das „Gassigehen“.*
*Wieviel schlechter ergeht es da dem Boxenpferd.*

*Ihren Dackel sperren Sie auch nicht 23 Stunden am Tag in vier Bierkästen!*
*Warum dann Ihr Pferd?*

*Notlösung eines Ein-/Ausganges für einen Offen-/Laufstall. Da in diesem Fall nur eine einzige große Toröffnung zum Ruheraum vorhanden war, hat man diesen Durchgang mit einer Holzwand in zwei Hälften geteilt. Dadurch können die Pferde nun die linke oder rechte Seite als Ein-/Ausgang benutzen, ohne einem Pferd auf der anderen Seite in die Quere zu kommen.*

## Bewertungs-Katalog unter Berücksichtigung der Eigenarten des Pferdes



| | **Lauftier** | **Dauerfresser** | **Herdentier** | **Wächter** | **Klimawider-ständler** | **Frischluftler** |
|---|---|---|---|---|---|---|
| | Beweg.-möglich-keiten | weil kleiner Magen, langer Darm | soziale Bedürfnisse | Sinnes-tätigkeiten | Thermoreg.-System, Hautaktivit. | empfindl. Atmungsorg., Stoffwechsel |
| **Gruppenhaltung:** | | | | | | |
| Weide/Wald usw. | ***** | ***** | ***** | ***** | ***** | ***** |
| Laufstall ohne Auslauf | ***** | ***** | ***** | ***** | ***** | ***** |
| Bewegungsstall | ***** | ***** | ***** | ***** | ***** | ***** |
| Laufstall, Tränke und Futterplatz außen | **** | *** | ***** | ***** | ***** | ***** |
| Laufstall, Futterplatz außen | *** | ** | ***** | ***** | ***** | ***** |
| Laufstall, Tränke außen | *** | * | ***** | ***** | ***** | ***** |
| Offenstall | ** | * | ***** | ***** | ***** | ***** |
| Innenbucht-Stall | * | * | ** | – | – | – |

* circa 20 Prozent vom angenommenen Idealzustand werden erreicht
***** circa 100 Prozent vom angenommenen Idealzustand werden erreicht
* bei „Lauftier“ bedeutet: Das Pferd kann zumindest halbtägig in einen Auslauf.
* bei „Dauerfresser“ bedeutet: mindestens zweimalige Fütterung/Tag plus Futter-Stroh-Einstreu
* bei „Herdentier“ bedeutet: mindestens Sicht-, Hör- und Geruchskontakt zum Nachbarpferd
* bei „Wächter“ bedeutet: Sicht-, Hör- und Geruchskontakt mindestens halbtägig zur Umwelt
* bei „Klima-Widerständler“ bedeutet: verschließbarer Kaltstall, mindestens halbtags offen
* bei „Frischluftler“ bedeutet: Pferd kann mindestens halbtags Kopf in die Frischluft stecken

| | Lauftier | Dauerfresser | Herdentier | Wächter | Klimawiderständler | Frischluftler |
|---|---|---|---|---|---|---|
| | Beweg.-möglichkeiten | weil kleiner Magen, langer Darm | soziale Bedürfnisse | Sinnes-tätigkeiten | Thermoreg.-System, Hautaktivit. | empfindl. Atmungsorg., Stoffwechsel |
| **Einzelhaltung:** | | | | | | |
| Bewegungsbox | **** | ***** | ** | *** | ***** | ***** |
| Laufbox, Tränke und Futterplatz außen | *** | *** | ** | *** | *** | ***** |
| Laufbox, Futterplatz außen | ** | ** | ** | *** | *** | ***** |
| Laufbox, Tränke außen | ** | * | ** | *** | *** | ***** |
| Offenbox | ** | * | ** | *** | *** | ***** |
| Außenbox mit Luke und Auslauf- und R-Heizung | * | * | ** | *** | *** | **** |
| Kombi-Laufbox | ** | * | ** | ** | * | ** |
| Außenbox mit Auslauf und R-Heizung | * | * | ** | ** | ** | *** |
| Außenbox mit Auslauf | * | * | ** | ** | * | ** |
| Außenbox mit Luke | – | * | * | ** | ** | ** |
| Innenbox mit Luke | – | * | * | ** | ** | ** |
| Außenbox | – | * | * | * | * | * |
| Innenbox | – | * | – | * | – | – |
| Anbinde-Ständer | – | – | – | – | – | – |

*Futterstände sind die beste Möglichkeit, Pferde in der Gruppenhaltung zu versorgen. Wenn sie so wie hier ausgebildet sind, kann eigentlich nichts passieren. Indem man im Futterkopf seitlich noch einen Trog anbringt, kann man hier auch die individuellen Kraftfutterportionen geben.*

*Ein einfacher, überdachter Futterplatz auf der Weide*

# Fütterungs-Systeme

*Bier mit dem Strohhalm trinken?*

*Vor vielen Jahren erklärte mir ein Professor, daß neuartige Tränkeautomaten wesentlich pferdefreundlicher seien als die bekannten Zungen-Druckventil-Tränker. Aus letzteren zu trinken wäre ungefähr so, als würden wir Menschen Bier mit dem Strohhalm aus der Flasche trinken. Und tatsächlich: Nach Montage des ersten modernen Tränkeautomaten standen die Pferde, als sie von der Weide kamen, dort regelmäßig Schlange. Zu dem alten Tränker, der nur circa fünf Meter weit entfernt war, wollten sie einfach nicht mehr gehen.*

## Allgemeines zum Füttern und Tränken

Unter naturnahen Bedingungen sind die Pferde oft mehr als 16 Stunden pro Tag mit Fressen beschäftigt. Daher ist der Verdauungsapparat auf kontinuierliche und möglichst häufige, jedoch täglich mindestens viermalige Futterzufuhr angewiesen.

Viele Pferde sind aus verschiedenen Gründen wie etwa Allergien oder Arbeitserleichterung ohne Stroh-Einstreu aufgestallt und werden nur zweimal täglich mit Futter versorgt. Diese plötzliche quantitative Überbelastung des darauf nicht ausgelegten Magen- und Darmtrakts, aber auch der intensive Energieschub strapazieren die Verdauungsorgane und den Stoffwechsel in höchstem Maß. Die dadurch entstehenden Krankheitsbilder sind hinlänglich bekannt.

In der Natur nehmen die Pferde die Nahrung bodennah auf, wozu sie die Vorderbeine stets spreizen, um das Futter bequem mit dem Maul und den Lippen erreichen zu können. Diese Beinstellung bezeichnet man als Ausfallschritt. Kopf und Hals sind dabei nach vorne unten gestreckt. Speziell auf diese Körperhaltung sind Skelett, Muskulatur und Sehnen abgestimmt, so daß sich das Pferd dabei entspannen, aber auch fortbewegen kann. Diese natürliche Haltung bei der Futteraufnahme muß bei Fütterungseinrichtungen unbedingt berücksichtigt werden: Die Pferde brauchen Beinfreiheit. Schließlich verbringen sie in der

*Beim Fressen aus dem Traktorreifen kann das Pferd die natürliche Freßhaltung einnehmen.*

Natur fast 70 Prozent ihrer Zeit in dieser entspannten Vorwärts-Abwärts-Haltung!

Die Pferde sollten ständig die Möglichkeit haben, frisches Trinkwasser aufzunehmen, was natürlich im Winter und auf abgelegenen Weiden zu größeren Problemen führen kann. Der Markt bietet aber mittlerweile auch dafür die geeigneten Geräte an.
Bei der Anordnung der verschiedenen Fütterungseinrichtungen muß man besonders darauf achten, daß zum Beispiel Trog und Tränke möglichst weit voneinander entfernt installiert werden. Dadurch veranlaßt man die Pferde auf ganz einfache Weise, sich zusätzlich zu bewegen. Besonders sinnvoll ist es daher, die unterschiedlichen Futterplätze – zum Beispiel für Heu, Stroh, Wasser und Kraftfutter – im Auslauf an weit auseinanderliegenden Stellen einzurichten.

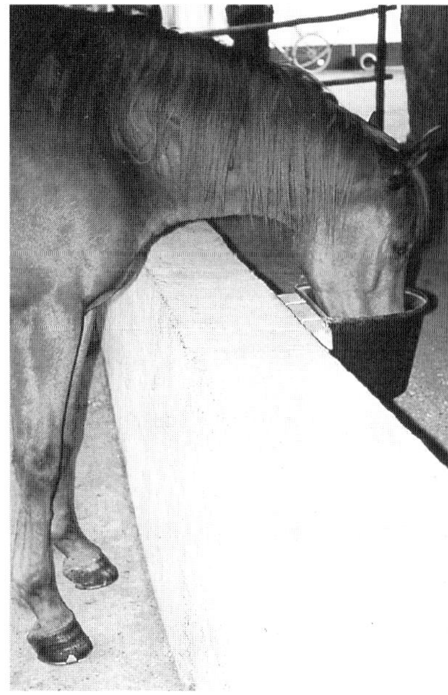

*Dieses Pferd kann das Futter nicht in natürlicher Haltung aufnehmen. Der Trog ist zu weit oben angebracht, und die scharfe Mauerkante ist nicht unbedingt als Futterplatz-Begrenzung geeignet.*

## Pferde füttern – aber wie?

Grundsätzlich gibt es folgende Möglichkeiten, Pferde zu füttern:

- **Bodenfütterung bei Einzelhaltung:** Diese Art der Fütterung auf sauberem und leicht zu reinigendem Grund kommt der Natur am nächsten. Das Pferd nimmt das Futter dabei in seiner natürlichen Körperhaltung auf. Außerdem kann es die übliche Selektion ungehindert vornehmen, Schmutzteile müssen erst gar nicht berührt werden. Nachteilig wirkt sich eventuell aus, daß ein gewisser Anteil des Futters verstreut und zertreten wird.
- **Raufen bei Einzelhaltung:** Raufen sind Futterbehältnisse, an denen Stäbe, Gitter oder ähnliche Öffnungen angebracht sind, durch die das Pferd das Futter herausziehen kann. Je größer beziehungsweise weiter die Öffnungen sind, desto leichter gelangt das Pferd an das Futter – und um so schneller wird es die vorgelegte Futterration verzehren. Daher gilt: möglichst enge Öffnungen!
- **Ohnweiler Sparraufe bei Einzelhaltung:** Sie besteht

*Die Tränke ist für die gesamte Pferdehaltung von größter Bedeutung. Dieses Pferd trinkt in natürlicher Haltung Wasser aus einer frostsicheren Tränke. Die Autoreifen dienen einerseits zum Schutz der Tränke, andererseits isolieren sie den Tränker-Sockel und schützen ihn so vor Auskühlung.*

*Tränke und Futtertrog oder Futterplatz sollten möglichst weit voneinander entfernt angebracht werden. Sonst kann es passieren, daß das Wasser schnell mit Futter verschmutzt wird.*

aus einem Trog mit einem Fassungsvermögen von etwa 250 Litern, der an der Freßseite halbrund ausgebildet ist und an der Wand aufgehängt wird. Am oberen Rand ist rückseitig ein Schwenkgitter angebracht, durch das das Pferd das Futter aufnimmt. Die Futterentnahme erfolgt also von oben. Um zum Futter zu gelangen, kann das Pferd das Gitter nach unten drücken, es jedoch nicht nach oben ziehen. Auf diese Art und Weise verhindert man, daß Futter verstreut wird. Hat das Gitter enge Stababstände von beispielsweise circa 50 Millimetern, so kann die Freßzeit erheblich verlängert werden.

- **Stabraufe bei Einzelhaltung:** Bei dieser Art von Raufe, die praktisch wie ein Trog ausgebildet ist, werden hauptsächlich Stäbe verwendet. Die Raufen werden auf dem Boden aufgesetzt/montiert. Es gibt Ausführungen, bei denen das Pferd das Futter von oben entnimmt. Bei anderen Modellen kann es das Futter nur von vorne oder seitlich herausziehen – zum Beispiel, weil sich darüber der Trog für das Kraftfutter befindet. Bei dieser Art muß man besonders darauf achten, daß sich die Pferde beim eventuellen Ausschlagen nicht verletzen können. Dies kann beispielsweise geschehen, wenn die Stababstände zu groß sind oder wenn das Material zu leicht ist.
- **Netzraufe bei Einzelhaltung:** Diese Futterbehältnisse, die bekannten Heunetze, zeichnen sich besonders

durch die geringen Anschaffungskosten aus. Nachteilig ist, daß man sie relativ hoch aufhängen muß, um Verletzungen zu vermeiden. Bei zu tief angebrachten Netzen können die Pferde beispielsweise hindurchtreten, mit den Hufeisen hängenbleiben und so weiter. Durch das hohe Anbringen entsteht aber zwangsläufig eine ungünstige Freß-/Körperhaltung.

- **Sprossenwand bei Einzelhaltung:** Anstelle der zur Stallgasse hin geschlossenen Boxenwand werden senkrecht angebrachte Rohre oder Rundhölzer verwendet. Bei einer lichten Weite von circa 25 bis 35 Zentimetern (je nach Pferdegröße) ergibt sich dann zur Stallgasse hin eine „Sprossenwand", durch die die Pferde das vorgelegte Futter aufnehmen können. Allerdings ist dabei zu beachten, daß der Futtertisch zur Stallgasse eine Begrenzung für das Futter aufweisen muß, die circa 80 Zentimeter tief und einen Meter hoch sein sollte. Durch Selektieren stoßen die Pferde nämlich Teile des Futters zur Gangmitte. Und wenn sie nicht an dieses Futter gelangen können, stemmen sie sich mit dem Körper gegen die Sprossen und nehmen so eine ungünstige Körperhaltung ein, bei der zuviel Gewicht auf die Vorderbeine verlagert wird.

- **Trog bei Einzelhaltung:** Zur Kraftfutteraufnahme in Körnerform, aber auch für Heucobs, Karotten, Maissilage und so weiter werden Tröge verwendet, die aus einem leicht zu reinigenden und säurefesten Material bestehen sollten. Meist haben sie die Form eines Rechteckes, wobei keine scharfe Kanten vorhanden sein dürfen. Dicke Wülste an den Rändern beugen der Verletzungsgefahr vor und verhindern obendrein, daß Futter aus dem Trog geworfen werden kann. Solche Tröge, deren Fassungsvermögen bis zu 50 Liter beträgt, sind meist circa 20 bis 25 Zentimeter hoch, bis zu 65 Zentimeter breit und etwa 30 Zentimeter tief.

*Wenn die Pferde ihr Futter erst ins Wasser werfen und es dann verspeisen, speicheln sie es viel weniger ein. Das ist nicht gut für die Verdauung und ein weiterer Grund für die notwendige Trennung von Tränke und Trog.*

- **Kraftfutter-Automaten bei Einzelhaltung:** Kraftfutter-Automaten dienen dazu, die Pferde mehrfach täglich mit kleinen Futterportionen zu versorgen. Dadurch muß sich das Personal nicht mehr an feste Futterzeiten halten, und es kann viel Arbeitszeit eingespart werden. Außerdem erfolgt die Portionierung, die individuell auf das jeweilige Pferd abgestimmt ist, sehr genau und zuverlässig. Das in den Automaten verwendete Futter muß gut rieselfähig sein, damit die störungsfreie Zuteilung gewährleistet ist. Die Funktionsweise der Automaten basiert auf elektrischen, magnetischen oder pneumatischen Elementen.

***Halbautomaten:*** Bei Halbautomaten wird das Futter jeweils von Hand in den Vorratsbehälter eingefüllt. Die Menge reicht meist für mehrere Tage aus. Gesteuert werden diese Automaten über Zeitschaltuhren, die die Portionen zu den vorher gewählten Zeiten freigeben.
***Vollautomaten:*** Kernstück dieses Fütterungssystems ist eine zentrale Futter-Station, die alle Dosiereinheiten im Stall mit Futter beschickt. So können alle Portionen zur gleichen Zeit zugeteilt werden, was zu einer größeren Stallruhe beiträgt. Vollautomaten ermöglichen jedoch auch eine individuelle Dosierung, so daß die Pferde das Futter zu eigens auf sie abgestimmten Freßzeiten erhalten können.
Alle Halb- und Vollautomaten sind jeweils nur für eine Futtersorte ausgelegt.

- **Futter-Schienenwagen bei Einzelhaltung:** Will man mehrere Futterarten gleichzeitig füttern, so bietet sich ein in der Stall-Futtergasse über Kopf angebrachter Futterwagen an, der an einer Schiene aufgehängt ist.

*Futter-Schienenwagen bei einer Außenboxenhaltung mit Auslauf. Der Futterbehälter hat gerade den vorderen Futtertrog befüllt und fährt nun zum nächsten Platz.*

*Der Futterblock ermöglicht die individuelle Versorgung mit Kraft- und Rauhfutter. Auf dem linken Bild wird dem Pferd kein Futter angeboten, auf dem rechten erhält es Heu.*

Dieser Futter-Schienenwagen fährt dann von Box zu Box und kann die verschiedenen Futtersorten in unterschiedlichsten Portionen absetzen.

- **Futterblock bei Einzelhaltung:** Der Futterblock (System Ullstein jun., Gut Wildschwaige) vereinigt die Zuteilung und Abgabe von Rauh- und Kraftfutter in einem System. Dabei kann zum Beispiel ein Heu- und Kraftfutter-Vorrat für drei Tage aufgefüllt werden, so daß das tägliche Vorlegen des Futters entfällt. Eine Zeitsteuerung ermöglicht es, den Pferden beliebig oft und beliebig lang Futter anzubieten. Damit kann jedes Pferd individuell und gleichmäßig über den ganzen Tag verteilt sowohl mit Kraft- als auch mit Rauhfutter versorgt werden. Der Futterblock wird elektromechanisch betrieben (auch über Autobatterien) und kann zeitgesteuert oder von Hand bedient werden.

- **Anbinde-Futterplatz bei Gruppenhaltung:** Wie schon erwähnt, ist die Futtervorlage vom Boden aus die natürlichste Art der Fütterung. Bei einer Gruppenhaltung kommt es dabei aber leicht zu Rangauseinandersetzungen um den besten Futterplatz. Das gilt insbesondere bei der Zuteilung von Kraftfutter oder wenn einzelne Tiere wie zum Beispiel Jung- oder Sportpferde gezielt individuell gefüttert werden müssen. Hier kann der Anbinde-Futterplatz eine gute Lösung sein. Dabei werden die Pferde zur Futterzeit am Halfter oder Halsriemen an einem bestimmten, vom Nachbarpferd genügend weit entfernten Platz angebunden. Dort können sie dann ungestört zum Beispiel aus einem Trog das

*Dieser Futtereimer ist durch die Gliederkette mit Karabinerhaken auf jeden Pferdekopf einstellbar. Der Gartenschlauch schützt die Pferde vor Verletzungen.*

Kraftfutter und vom Boden das Rauh- oder Grünfutter aufnehmen. Dieses Verfahren ist bei einem größeren Bestand recht arbeitsaufwendig und mit einem hohen Platzbedarf verbunden. Außerdem ist man zeitgebunden. Es gibt aber Pferdehalter, die wegen des regelmäßigen Kontaktes zu den Pferden und wegen der damit verbundenen positiven Auswirkungen auf diese Methode schwören.

- **Futtereimer bei Gruppenhaltung:** Die Versorgung mit Kraftfutter in einer Gruppenhaltung ist mit einem Futtereimer recht einfach zu bewerkstelligen. Diese Fütterungsart ist preisgünstig und hat den Vorteil, daß die Pferde meist in natürlicher Haltung aus dem Eimer fressen. Außerdem ist man ständig in Kontakt mit den Tieren. Futterverluste sind meist nicht gegeben. Bei der auf Gut Wildschwaige gewählten Ausführung (siehe Foto) haben sich mehrere Vorteile ergeben: Alle Teile sind im Baumarkt erhältlich. Durch die Gliederkette mit dem Karabiner-Haken kann die Länge auf jeden Pferdekopf eingestellt werden, und der Gartenschlauch ist ein idealer Schutz. Kritisch sind bei diesem Verfahren der hohe Arbeitsaufwand und die zeitliche Gebundenheit.

- **Sprossenwand bei Gruppenhaltung:** Senkrecht angebrachte Rohre oder Rundhölzer ergeben bei einer lichten Weite von circa 25 bis 35 Zentimetern (je nach Pferdegröße) eine „Sprossenwand“, durch die die Pferde zur Stall- oder Futtergasse hin das vorgelegte Futter aufnehmen können. Allerdings ist dabei zu beachten, daß der Futtertisch zur Stallgasse hin eine circa 80 Zentimeter tiefe und einen Meter hohe Begrenzung für das Futter aufweisen sollte. Wenn die Pferde nämlich nicht an das beim Selektieren zur Gangmitte gestoßene Futter gelangen können, werden sie sich mit dem Körper gegen die Sprossen stemmen und so eine ungünstige Körperhaltung einnehmen, in der zuviel Gewicht auf den Vorderbeinen liegt. Wegen eventueller Rangstreitigkeiten ist bei der Sprossenwand in Gruppenhaltung viel Platz erforderlich.
  *Achtung! Es haben sich schon schwere Unfälle ereignet, weil Pferde mit dem Kopf im benachbarten Sprossenfeld*

*Rundraufe, Marke Eigenbau: Ihr Nachteil liegt darin, daß das Futter zu weit oben angeboten wird, die Pferde also nicht in natürlicher Haltung fressen können.*

*hängenblieben. Als Vorsichtsmaßnahme sollte man jeweils ein Feld aussparen und sperren!*

- **Palisadenwand bei Gruppenhaltung:** Anstelle der bei der Sprossenwand verwendeten Rohre können auch abgerundete starke Holzbohlen oder Platten mit einer Breite von circa 50 bis 75 Zentimetern verwendet werden. Da die Pferde für ihren Hals von oben Zugang haben, können die lichten Abstände nun bei etwa 25 Zentimetern liegen. Ansonsten entspricht die Palisadenwand der vorher beschriebenen Sprossenwand. Neben dem hohen Platzbedarf wegen Rangstreitigkeiten sollte man auch an die Verbißgefahr denken.

- **Rundraufe bei Gruppenhaltung:** Auf einen dreiteiligen Stahlblechring sind Rohrelemente aufgeschweißt, die den eben beschriebenen Palisaden ähneln. Bei einem Durchmesser von circa 2,30 Metern ergeben sich zwölf Futterplätze. Da sie kreisförmig angeordnet sind, haben die Pferde kaum die Möglichkeit, sich gegenseitig zu verdrängen. Neben futterneidischen, ranghohen Tieren entstehen allerdings dennoch freie Plätze. Der Platzbedarf ist relativ gering. Als Nachteil muß man die ungünstige Freßhaltung ansehen, denn das Futter liegt auf Standniveau. Die Rundraufe ist sehr gut für die immer mehr gefragten Rund-Silage-Ballen geeignet. Da der Raufenring dreiteilig ist, kann der Ballen auch ohne Frontlader von der Seite her eingebracht werden. Für die Rundraufen gibt es außerdem Dächer, die das Futtergut vor Regen schützen.

- **Rollraufe bei Gruppenhaltung:** Für die Rauh- oder Grünfutterversorgung kleiner Gruppen eignet sich die Rollraufe sehr gut (System Piotrowski, Braunschweig). Eine seitlich auf Rollen aufgehängte Sprossenwand wird von den Pferden nach vorne zum Futter hin gedrückt. Je nach Futterverbrauch schieben die Pferde die Sprossenwand immer weiter in den Futterlagerraum hinein. Durch eine Jalousie, die zeitlich gesteuert wird und die Freßplätze je nach Programmierung versperrt, kann man die Pferde am ständigen Fressen hindern und so eine recht gleichmäßige Futteraufnahme über den Tag erzielen.

*Bei dieser Sprossenwand fressen die Pferde in natürlicher Haltung. Allerdings fehlt vorne eine Begrenzung, die verhindert, daß die Pferde das Futter beim Selektieren von sich wegwerfen.*

*Futterstände – zur Versorgung der Pferde in der Gruppenhaltung bestens geeignet*

- **Elektromagnetische Abruf-Fütterung bei Gruppenhaltung:** Hierbei handelt es sich um eine Weiterentwicklung der Rollraufe. Während die Absperrung bei dem soeben beschriebenen Raufentyp durch eine Jalousie erfolgt, beruht sie nun auf einer elektromagnetischen Steuerung. Die einzelne Futterplatzöffnung in der Sprossenwand wird durch ein Tor mechanisch verriegelt. Jedes Pferd trägt eine elektromagnetische Kennmarke als Halsband. Betritt ein Tier den zugeteilten Platz, so wird mittels dieser Kennmarke das Tor entriegelt, und das Pferd kann fressen, sofern es ein zusätzliches Zeitsteuergerät erlaubt. Der gleiche Mechanismus tritt bei einem Kraftfutterhalbautomaten in Kraft, der zeitlich gesteuert und hinter dem Tor angebracht ist. Die Kennung ist für bis zu acht Pferde möglich, so daß sich dieses System für kleine Gruppen eignet.
- **Futterstand bei Gruppenhaltung:** Für die individuelle Futterversorgung bei der Gruppenhaltung haben sich Futterstände seit Jahren am besten bewährt. Sie können für Rauh- und Grünfutter ebenso verwendet werden wie für Silage- und Kraftfutter. Die Grundmaße des Futterstandes richten sich natürlich nach der Pferdegröße. Die Standbreite soll dabei 60 bis 80 Zentimeter nicht überschreiten, die Länge beträgt inklusive Futterkopf 2,50 bis 3,50 Meter. Langjährige Erfahrungen auf Gut Wildschwaige haben gezeigt, daß es sinnvoll ist,

*Bei den Bauausführungen der Futterstände muß man besonders darauf achten, daß die Pferde sich nicht verletzten können. Der Querbalken auf diesem Bild ist „unfallverdächtig“.*

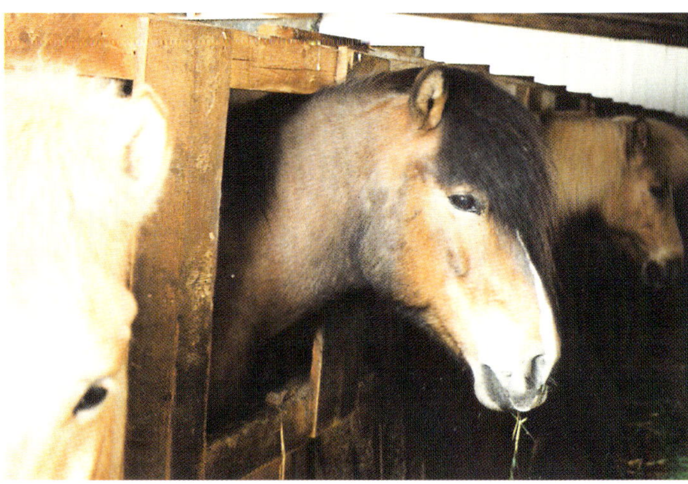

**Seitenansicht eines Futterstandes**

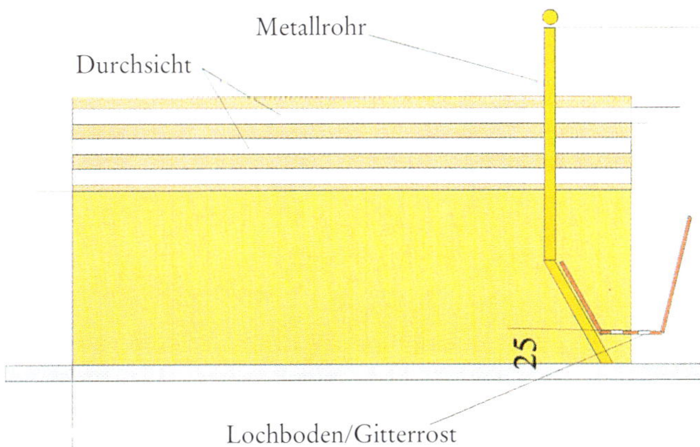


Höhe der Beplankung: circa 130 cm, Gesamthöhe der Futterstand-Wand: circa 200 cm
Gesamtlänge des Futterstandes: circa 350 cm für Großpferd, circa 250 cm für Kleinpferd
Breite des Kraftfuttertrogs: circa 25 cm, Länge des Futtertrogs: maximal 50 cm

**Frontansicht eines Futterstandes**

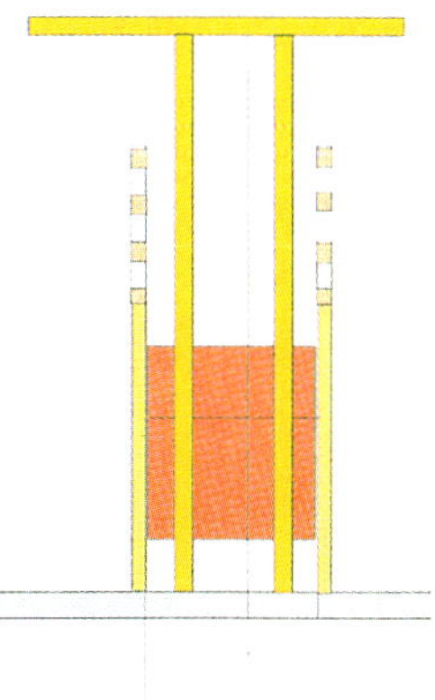

Breite des Futterstandes: maximal 80 cm, Länge: 250 bis 350 cm

die Futterstände seitlich bis zum Boden mit Planken zu versehen. So ist sichergestellt, daß die Hufe einen sicheren Stand haben. Führt man die Beplankung nicht bis zum Boden, so können die Hufe unter die unterste Absperrung gelangen. Ebenso wichtig ist es, daß nach oben hin Sichtfreiheit besteht, damit sich das Pferd an seinem Umfeld orientieren kann. Dadurch fühlt es sich sicherer und bleibt somit ruhiger. Der Futter-/Kopfbereich dagegen soll gegenüber dem Nachbarstand abgeschirmt sein, um Futterneid erst gar nicht aufkommen zu lassen. Der Futtertisch beziehungsweise -trog sollte sich circa 20 Zentimeter über Bodenniveau befinden, um einerseits eine entspannte Haltung des Pferdes zu ermöglichen und andererseits das Säubern des Raumes unterhalb der Futterstelle zu erleichtern. Damit das Futter nicht herausgeschleudert wird, ist das Anbringen einer Begrenzung sinnvoll, die zum Beispiel aus einer Platte bestehen kann. Sie sollte einen Abstand von circa 80 Zentimetern zum Futtertisch oder -trog haben

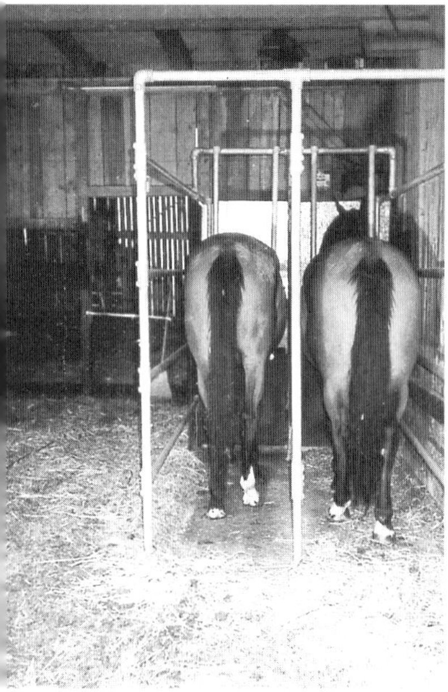

*Futterstände im Laufstall für zwei Pferde. Die individuelle Versorgung mit Kraft- und Rauhfutter erfolgt durch einen Futterblock.*

und mindestens einen Meter hoch sein. Die vorne im Futterkopf angebrachten Kraftfuttertröge müssen sehr schmal gehalten werden. Eine Breite von etwa 25 Zentimetern ist empfehlenswert, damit noch genug Platz für den Rauhfutterbereich bleibt. Da die Tröge aber circa 50 Zentimeter lang sein können, verfügen sie dennoch über ein ausreichendes Fassungsvermögen. Die Befüllung und Säuberung der Tröge kann immer von vorne erfolgen.

- **Futterblock bei Gruppenhaltung:** Der Futterblock (System Ullstein jun., Gut Wildschwaige), der bereits auf Seite 97 beschrieben wurde, kann auch mit einer induktiven Erkennung betrieben werden. Dabei wird bei allen Pferden ein sogenannter Responder am Halfter befestigt, der jedes Tier elektronisch kennzeichnet. Seit kurzer Zeit können auch Injektate von der Größe einer Schluckkapsel in die Halsmuskeln eingelegt werden. Dies hat den Vorteil, daß die Responder nicht mehr verlorengehen können. Noch ist diese Methode aber nicht allgemein eingeführt – so sind beispielsweise rechtliche Aspekte der Kennzeichnungspflicht noch nicht abgeklärt, und es gibt bisher kein einheitliches System zum Ablesen der Daten. Die Verbreitung dieser Injektate läßt daher auf sich warten.
  Die Pferde nehmen ihr Futter in den schon beschriebenen Futterständen auf. In diesem Fall wird anstelle des üblichen Futterkopfes einfach der Block angesetzt. Über einen speziellen Sender/Empfänger, der in jedem Stand eingebaut ist, kann das Pferd mittels Responder identifiziert werden. Ist das der jeweiligen Futter-Station zugeordnete Tier erkannt, so gibt der Futterblock eine entsprechende Futtermenge frei. Betritt ein „falsches" Pferd den Stand, so wird die Futterabgabe vom System verweigert. Auf diese Art und Weise können kleine Gruppen individuell und über den ganzen Tag verteilt mit kleinen Kraft- und Rauhfutterportionen versorgt werden. Eine Behinderung durch das Nachbarpferd kann wegen des beplankten Futterstandes nicht erfolgen. Die Futterblock-Station wird elektromechanisch (auch mit Autobatterien) betrieben.
- **Futter-Fahrtisch bei Gruppenhaltung:** Um neben

Heu und Stroh auch Grassilage, Heucobs, Pellets und so weiter bei der Vorratsfütterung verwenden zu können, wurde der Futter-Fahrtisch (System Ullstein jun., Gut Wildschwaige) entwickelt. Dabei handelt es sich um zwei ineinander greifende Wagen, die auf Schienen laufen. Der Futter-Fahrtisch wird – wie oben beschrieben – mittels Responder, Sender/Empfänger und Steuergerät elekromechanisch zum Futterstand hin oder von ihm weg bewegt. Dadurch erreicht man wiederum eine gleichmäßige Futterverteilung über den ganzen Tag. Beschickt wird der Futter-Fahrtisch von der Seite oder von oben.

- **Computer-Abruf-Fütterung bei Gruppenhaltung:** Die bei Kühen, Kälbern und Schweinen schon seit über 20 Jahren eingeführte Computer-Abruf-Fütterung bringt unbestreitbare große Vorteile mit sich. Daher wird sie sich mit Sicherheit auch in der Pferdehaltung durchsetzen. Diese Art der Fütterung funkioniert folgendermaßen: Die Futter-Stationen bestehen aus dem Futterstand, dem Futtertrog, der Dosiervorrichtung, dem Futtervorratsbehältnis und dem Sender/Empfänger. Alle Pferde werden, wie bereits beschrieben, mit Respondern gekennzeichnet. Betritt nun ein Pferd einen Futterstand, so gibt der dort eingebaute Sender/

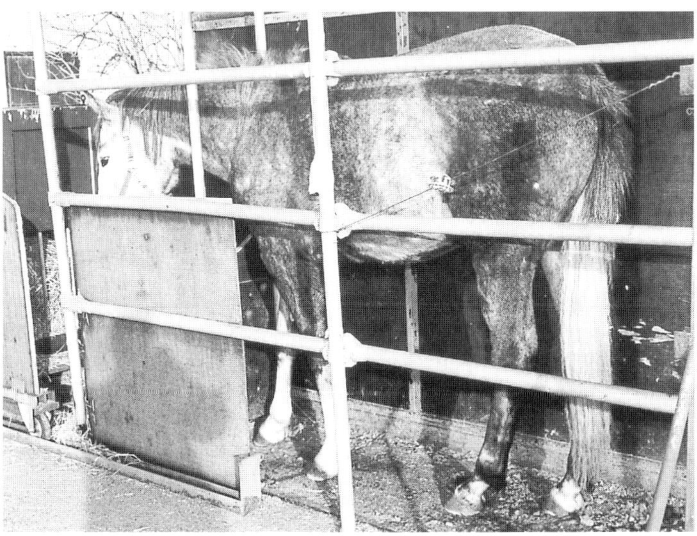

*Der Futter-Fahrtisch im Einsatz: In diesem Fall ist er mit Heu gefüllt, aber es können auch Silage, Kornmischungen oder Cobs angeboten werden. Sehr schön kann man auf diesem Bild den Ausfallschritt des Pferdes bei der Futteraufnahme sehen. Die abgebildete offene Bauweise des Standes hat sich allerdings nicht bewährt.*

*Computer-Abruf-Fütterung im Boxen-Stand: Im Vordergrund ist das an zwei Drahtseilen heruntergelassene Absperr-Hängetor zu erkennen, das mit elektrischer Spannung geladen ist. Das Pferd nimmt gerade seine zugeteilte Futtermenge auf. Erst wenn ihm kein Futter mehr zusteht, hebt sich das Absperr-Hängetor nach oben und gibt den Eingang für das nächste Pferd frei.*

Empfänger die Kennungsnummer (den Code) des betreffenden Tieres an einen Futter-Computer weiter.
Dieser Computer ist das eigentliche Herzstück des gesamten Systems, denn er steuert über ein vielschichtiges Programm den gesamten Fütterungsablauf. So wurde zum Beispiel für jedes Pferd eine individuell bemessene tägliche Futtermenge eingegeben, die der Computer präzise und regelmäßig über den ganzen Tag verteilt. Hat ein Pferd, das den Futterstand betritt, also ein Anrecht auf eine Portion, so gibt der Computer diese frei. Hat es kein Anrecht, so bekommt es kein Futter zugeteilt. Alle Futterabrufe werden vom Computer registriert und können zu jeder Zeit abgerufen oder über einen angeschlossenen Drucker ausgegeben werden.
Derzeit sind zwei Konzepte von Kraftfutter-Abruf-Fütterungs-Systemen im Einsatz, die vom Gedankenansatz her völlig unterschiedlich sind: der Boxen-Stand (System Pirkelmann, Landtechnik Weihenstephan) und der Offen-Stand (System Ullstein jun., Gut Wildschwaige).
Der Grundgedanke beim ***Boxen-Stand-System*** ist, daß ein futterberechtigtes Pferd beim Betreten des Standes sofort restlos die Futtermenge bekommt, die ihm gerade zusteht. Es darf also von keinem anderen, ranghöheren Pferd gestört werden. Um das zu erreichen, wurde der Futterstand als verschließbare Box ausgestaltet.
Der Eingang zum Stand ist mit einem nach außen hin

elektrisch geladenen Hängetor versehen. Betritt nun ein futterberechtigtes Pferd den Stand, so fährt hinter ihm dieses Sperrtor herunter, und der Boxen-Stand ist abgeriegelt. Das fressende Pferd kann nicht von nachfolgenden Pferden gestört werden – auch vom Ausgang her nicht, da dieser mit einem Roll-Pendeltor nach innen versperrt ist. Hat das Pferd die ihm zugeteilte Menge verzehrt, so fährt das Hängetor wieder nach oben und gibt den Eingang frei.
Bei der praktischen Erprobung wurde festgestellt, daß ranghöhere Tiere immer wieder im geöffneten Stand stehenblieben, den Kraftfutterplatz also nicht verließen und ihn so blockierten. Daher brachte man eine Peitsche mit einer Elektroschnur an, die sich auf das Pferd zu bewegt, wenn es den Stand blockiert. Ein zusätzlicher Warnton zeigt dem Pferd, daß jetzt gleich der Elektroschock kommt, und so verläßt das Pferd den Stand nach wenigen schlechten Erfahrungen mehr oder weniger freiwillig.

Die erste Computer-Fütterungsanlage, die speziell für Pferde entwickelt wurde, ging auf Gut Wildschwaige in Betrieb. Dort wurde die Einführung dieser Anlage schon frühzeitig von folgenden mehrschichtigen Überlegungen begleitet:

1. Der Hauptmangel in der Pferdehaltung ist die unzureichende Bewegung.
2. Je kleiner die Futterportionen sind, um so verträglicher sind sie für den gesamten Verdauungstrakt und den Stoffwechsel.
3. In der freien Natur müssen sich auch rangniedere Pferde auf ihrem jeweiligen Rangplatz durchsetzen, damit sie in der Herde ihre Ruhe finden.

Die daraus resultierenden Anforderungen führten zur Entwicklung des ***Offen-Standes***, der alle geforderten Bedingungen erfüllt. Das futterberechtigte Pferd betritt den Offen-Stand schräg von hinten und bekommt seine Futterportion zugeteilt. Wenn kein ranghöheres Tier nachfolgt, wird es diese aufzehren. Kommt aber ein ranghöheres Pferd, so wird das fressende Tier weichen – was ja fast den natürlichen Bedingungen entspricht, denn auch dort müßte es einem Ranghöheren Platz

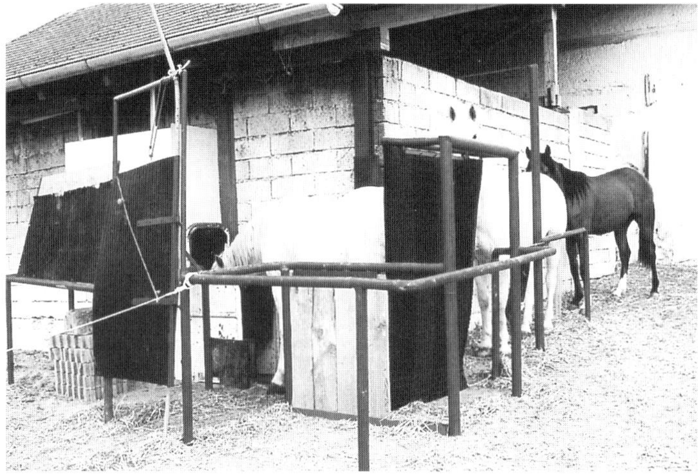

*Computer-Abruf-Fütterung, als Offen-Stand konzipiert. Die Futterschale wird erst dann befüllt und an den Futterplatz vortransportiert, wenn das Pferd zur Futteraufnahme berechtigt ist. Ist es dies nicht mehr, so wird die Futterschale wieder nach rückwärts eingefahren, und das Pferd verläßt den Stand. Dazu drückt es ein nur nach einer Seite zu öffnendes Klapptor auf. Nun kann das nächste Pferd den Stand betreten. Im Bild ist sehr schön zu sehen, wie geduldig sich die Pferde in einer Schlange anstellen. Kommt einmal ein ranghöheres Tier, so kann ein in der Schlange wartendes niederrangigeres Tier an einem Seitenschlupf ausweichen.*

machen. Das rangniedere Pferd weicht also im Offen-Stand vom kommenden Pferd weg, und zwar zur anderen Seite hin. Dort befindet sich ein einseitig zu öffnendes Klapptor, das das Pferd aufschiebt. Will es wieder zurück zum Futterplatz (und natürlich will es!), so muß es nun einen Rundweg antreten (siehe Seite 82), was zu einer steten Bewegung führt. Messungen haben ergeben, daß die Pferde bei diesem System täglich circa 15 Kilometer zurücklegen! Damit ist die oben aufgeführte erste Anforderung erfüllt.
Diese „verordnete" Bewegung auf dem Rundkurs tritt natürlich um so öfter auf, je kleiner die jeweils zugeteilten Futterportionen sind – womit auch der zweiten Anforderung Genüge getan ist.
Der täglich mehrmals stattfindende „Kampf um den besten Futterplatz" ist eigentlich gar keiner mehr. Jahrelange Beobachtungen zeigten, daß der krasse Futtertrieb/Futterneid durch die ständige gleichmäßige Futterversorgung mehr und mehr entfällt, so daß die Tiere kaum auf „Kampf" eingestellt sind. Vielmehr erleben sie einfach mehrmals am Tag genau das, was sich auch in der freien Natur ständig abspielen würde. Die Pferde sind gefordert und fördern so automatisch ihr Selbstbewußtsein. Es ist deutlich zu erkennen, daß sie charakterlich gefestigter werden und (wieder) lernen, ihre Nische in der Herde zu finden beziehungsweise sich dort zu behaupten. Damit ist auch die dritte Anforderung erfüllt.
Mit einer derartigen Kraftfutter-Station können circa 30 Pferde versorgt werden, wobei diese Zahl natürlich von der vorgegebenen Futtermenge und der Futtersorte abhängig ist. Bei diesem System lassen sich mehrere Futtersorten gleichzeitig verfüttern. Neben den Kraftfutter-Stationen gibt es auch solche für das Rauhfutter sowie Stationen, die die Pferde mit Rauh- und Silagefutter sowie mit Cobs und anderen Futtersorten versorgen können.
Kombiniert man nun Kraftfutter-, Rauhfutter- und Mischfutter-Stationen miteinander, so kann man den Pferden drei und mehr unterschiedliche Futterarten anbieten. Diese Art der Fütterung ist der Gesundheit der Tiere sehr zuträglich – einmal wegen der am natürlichen Verhalten orientierten Futteraufnahme und zum anderen wegen der damit verbundenen intensiveren Bewegung.

*Bewegungsanreize im Auslauf sind äußerst wichtig, damit das Pferd auf unterschiedlichste Art seinen Körper und seine Sinnesorgane trainieren kann.*

# Der Auslauf

Bei der „natürlichen", artgerechten Haltung spielen praktisch bei allen Haltungs-Systemen die Ausläufe die dominierende Rolle. Der Auslauf ist sozusagen der „Marktplatz", auf dem sich das tägliche Pferdeleben abspielt.
Als Ausläufe bezeichnet man unterschiedlich große Flächen, die mit einer pferdegerechten Fest-Umzäunung eingefaßt sind (siehe Seite 128). Sie dienen der „freien" Bewegungsmöglichkeit des Pferdes: Jedes Tier kann frei wählen, ob es sich drinnen oder draußen aufhalten will, ob es sich mit dem Nachbarn anlegen möchte oder liebevollen Kontakt sucht ... Außerdem ermöglicht der Auslauf dem Pferd ein zwangloses Aufnehmen der verschiedenen Nahrungsmittel an den abgelegenen Futter-/Tränk-Stationen. Die Pflege- und Spielplätze im Auslauf bieten weitere Abwechslung und dienen dem Konditionstraining.
Bei den Ausläufen kann man folgende Einteilung vornehmen:

- **Auslauf:** Hier handelt es sich um ein weiträumig fest umzäuntes Areal mit einem Belag. Der Auslauf bietet Pflegemöglichkeiten, dient dem ständigen Aufenthalt der Pferde und steht das ganze Jahr über funktionstüchtig zur Verfügung, auch zum Füttern und Tränken.

- **Paddock:** Diese Bezeichnung wird meist für kleine Ausläufe verwendet, die man in erster Linie bei der Einzelhaltung findet. Der Ausdruck und die Ausführung kamen aus England zu uns. Der Paddock ist gewöhnlich vor eine Außenbox gesetzt. Doch auch Pferde, die in Innenboxen gehalten werden, werden während der Stallarbeit oft in kleinen Paddocks untergebracht und nach der Arbeit wieder in den Stall geführt. Es ist nicht üblich, die Pferde ganztägig in einen Paddock zu bringen oder ihnen dort Futter beziehungsweise Wasser zu verabreichen.

- **Matschkoppel:** Eine weitere Auslauf-Art ist die sogenannte Matschkoppel. Ursprünglich war sie einmal eine normale Graskoppel, aber die Witterung und ständige Benutzung verwandelten sie in einen morastigen Auslauf. Wie sehr viele praktische Beispiele bewiesen haben, macht es den Pferden gesundheitlich nichts aus, bis zu den Fesseln im Morast zu stecken. Doch gerade solche Bilder haben der artgerechten Haltung großen Image-Schaden zugefügt. Die Matschkoppel sollte deshalb nur dann Verwendung finden, wenn keine anderen Möglichkeiten gegeben sind. Der Aufenthalt auf einer Matschkoppel ist für das Pferd immer noch besser, als in einer engen, miefigen Box stehen zu müssen.

## Der Bodenbelag

Während sich die Umzäunung der Ausläufe relativ einfach in die Praxis umsetzen läßt (siehe Seite 128), gestaltet sich der Ausbau des Bodenbelages als äußerst schwierig – es sei denn, man befindet sich in der glücklichen Lage, den Auslauf gerade auf einem natürlichen Kies- oder Sandboden einrichten zu können. In allen anderen Fällen müssen bei der Einrichtung des Auslaufs aber viele verschiedene Aspekte berücksichtigt werden, die sich teilweise auch noch konträr zueinander verhalten.
Wird der Auslauf beispielsweise klein gehalten, dann läßt er sich zwar schnell reinigen, bietet dem Pferd aber weniger Bewegungsmöglichkeiten. Entscheidet man sich beispielsweise für eine einfache Kiesaufschüttung, so muß man zwar nicht sehr viel Geld ausgeben, hat aber einen relativ großen Pflege- und Reinigungsaufwand. Ein hochwertiger Bodenbelag kann dagegen hervorragend gereinigt

*Eine typische Matschkoppel, die deutlich gefährlicher aussieht, als sie ist: Durch einen solchen Boden entsteht bestimmt keine Mauke – er tut sogar den Hufen gut! Trotzdem hat die Matschkoppel das Image der artgerechten Haltung nachteilig geprägt.*

werden und sieht obendrein noch gut aus, ist aber meist „unerschwinglich“ teuer.
Welche Anforderungen sollte ein Auslauf-Boden nun eigentlich erfüllen?

- Er darf für die Pferde nicht schädlich sein (also nicht zu hart und nicht zu weich).

- Er sollte nicht zu glatt und rutschig sein, aber auch nicht zu rauh beziehungsweise kantig.

- Er soll im Idealfall immer trocken sein, so daß die Pferde auch bei Regen nicht im Matsch stehen, aber er darf auch nicht stauben.

- Er sollte langlebig sein, muß aber auch für Normalverdiener bezahlbar sein.

Da all diese Punkte nicht mit einem einzigen guten Konzept verwirklicht werden können und man ja auch noch die örtlichen Gegebenheiten berücksichtigen muß, haben sich Teillösungen am besten bewährt.
So ist es sinnvoll, an den Stellen, an denen sich die Pferde am meisten aufhalten beziehungsweise bewegen – also zum Beispiel vor dem Ruheraum oder am Futterstand –, einen gut befestigten **Hart-Boden** zu installieren. Die finanzielle Belastung hält sich in Grenzen, weil die auszulegende Fläche ja nicht so groß ausfällt. Bei diesem Beispiel spielt es auch keine große Rolle, ob die Lauffläche hart ist, denn die Pferde werden in diesem Bereich sowieso nicht herumjagen, sondern sich eher ruhig verhalten beziehungsweise herumstehen. Dabei hat die harte Oberfläche einen ganz wesentlichen Vorteil, läßt sie sich doch hervorragend mit Schaufel und Besen oder Schubschild reinigen – und das bei jedem Wetter.
An diesen Hart-Boden sollte sich der **Weich-Boden** anschließen. Hierbei handelt es sich um den wohl am schwierigsten aufzubauenden Untergund. Die Anforderungen sind klar: Der Boden soll eine weiche Trittfläche haben, bei Regen nicht schmierig werden und bei Trockenheit nicht stauben. Außerdem muß er leicht zu reinigen sein und darf sich nicht zu sehr mit dem Mist vermengen ...

*Hier wurde der weiche Sandboden mit einem Rundholz vom harten Schotterboden abgetrennt. Ein Nebeneffekt ist, daß die Pferde ihre Beine mehr anheben müssen und das Hindernis geistig erfassen.*

Auch hier gibt es nur Kompromiß-Lösungen. Das heißt, überall müssen die Vorteile der einen Methode mit den Nachteilen der anderen kombiniert werden, um ein einigermaßen zufriedenstellendes Ergebnis zu erzielen. Bei der Anlage des Weich-Boden-Bereiches ist es ganz wichtig, den Wasserhaushalt dieser Fläche in den Griff zu bekommen. Übliche Dränage-Rohre, die mit Gefälle in mit Schotter ausgelegte Gräben verlegt werden, finden zur Wasserableitung noch am häufigsten Verwendung. Allerdings kommt es dabei sehr darauf an, wie die darüberliegende Trenn- beziehungsweise Tretschicht aussieht. Denn sowohl die Drängräben als auch die Rohre werden schon nach einigen Jahren von Schlammfeinteilen beeinträchtigt, die den Wasserabfluß verhindern.

Ähnlich verhält es sich mit zunächst porösem Gestein wie zum Beispiel Lava oder Schlacke sowie mit aufbereitetem Asphalt-Gemenge aus dem Straßenbau, das zunächst locker aufgetragen und dann verdichtet wird. Anfangs versickert das Wasser hervorragend, bis eben die unzähligen Poren mit Schmutzteilchen zugesetzt sind. Man hilft sich dann mit einer weiteren aufgelegten Schicht, muß aber nach einigen Jahren das gesamte Material abtragen.

Auch im Auslauf ausgebrachte Hackschnitzel aus Holz haben ihre Vor- und Nachteile. Anfangs läuft das Wasser hervorragend ab. Doch später, wenn der Mist hinzukommt und die Schnitzel sich allmählich abreiben, funktioniert dies nicht mehr so gut. Eine neue Schicht von

*Ausgewaschene Beläge wie bei diesen Kunststoff-Platten sind gefährlich für die Pferdehufe. Außerdem können auch die Platten selbst beschädigt werden.*

Hackschnitzeln hilft wieder für einige Monate, aber nach etwa zwei bis vier Jahren muß der gesamte Belag abgetragen werden.
Diese Nachteile heben die unterschiedlichsten Platten oder Gitter aus Gummi beziehungsweise Kunsstoff auf, die sich recht einfach verlegen lassen. All diese Beläge sind so konstruiert, daß sie das Wasser ableiten. Dadurch wird die oben aufliegende weiche Schicht, die zum Beispiel aus Sand bestehen kann, immer trocken gehalten. Da ein Vermengen mit der unter den Belägen liegenden Schicht nicht möglich ist und die Oberflächenschicht bei diesem Aufbau ziemlich dünn aufgetragen werden kann, läßt sich ein solcher Auslauf relativ leicht sauber halten. Die mit dem Mist abgetragenen Teile müssen von Zeit zu Zeit durch neue Sandfüllungen ersetzt werden.
Ein Querschnitt durch einen solchen künstlich angelegten Auslaufboden zeigt drei Schichten, die sogenannten ***„3-T"-Schichten***, nämlich von unten nach oben: Tragschicht, Trennschicht und Tretschicht.
Je nach Geländeformation und Untergrund wird meist zunächst der Humus abgetragen und die sogenannte ***Tragschicht*** aufgebracht. Sie soll, wie der Name verrät, den gesamten Auslaufboden tragen, muß also entsprechend fest sein und für die Aufnahme von Wasserableitsystemen hergerichtet werden.
Über der Tragschicht wird die ***Trennschicht*** aufgelegt, die verhindern soll, daß sich die später aufgebrachte Ober-

schicht mit der Tragschicht vermischt. Ohne diese Trennschicht können sich nämlich zum Beispiel die groben Steine der Tragschicht mit den feinen Sandteilen der Oberschicht vermengen. Die unterste und die oberste Schicht sollen also getrennt bleiben.
Die Oberschicht schließlich wird ***Tretschicht*** genannt, weil die Pferde auf sie treten. Sie soll die Bedürfnisse der Pferde erfüllen, aber auch für den Menschen Vorteile bringen – zum Beispiel bei der Reinhaltung.

Im Anschluß an diesen Weich-Boden kann man dann, beispielsweise kurz vor dem Einlaß zu einer Koppel, noch ein Stück **Natur-Boden** belassen.
Dies hat den Vorteil, daß ein Teil des Auslaufes wirklich ohne großen finanziellen Aufwand gestaltet werden kann. Obendrein entsteht so eine für die Hufe sehr wichtige „Naßzelle“, da sich in dem naturbelassenen Bereich durch Regenwasser Matsch bildet.

Die beschriebene Art des Auslauf-Aufbaus bringt folgende Vorteile mit sich:
Durch die verschieden weichen, harten und nassen Böden werden die Hufe der Pferde unterschiedlich beansprucht, wodurch sich deren Qualität und Gesundheit steigert. Außerdem wirkt sich ein solcher Auslauf positiv auf das Verhalten beim Abkoten und Stallen (Harnlassen) aus, weil die Pferde hierzu sehr oft die weicheren Plätze draußen im Auslauf aufsuchen und nicht den Ruheraum. Die Kosten dieses Auslaufs bleiben in einem erträglichen Rahmen.
Verwendet man zum Beispiel für den Hart-Boden die auf Gut Wildschwaige vor vielen Jahren erstmals ausprobierten Rasengittersteine, so benötigt man in diesem Bereich praktisch weder Trag- noch Tretschicht. Diese Gittersteine sind allerdings nur mit einer großen Kammer von etwa zehn mal zehn Zentimetern zu empfehlen. Man kann sie meist plan, aber wegen der Oberflächen-Wasserableitung mit einem Neigungswinkel, auf den Mutterboden auflegen. Sie müssen allerdings mit einem verfestigenden Material („Mineralbeton“) aufgefüllt und eingerüttelt werden. So bleibt die Füllung erhalten und wird nicht herausgetreten oder weggewaschen.

***„Technische“ Daten:***

*Grober Kostenvergleich von festen Trennschichten pro Quadratmeter:*

- *Rasengittersteine:* *circa DM 15,-*
- *Knochensteine:* *circa DM 20,-*
- *Kunststoff-Gitter:* *circa DM 40,-*
- *Gummimatten:* *circa DM 60,-*

*Abschüssige Wege können auf einfache Weise „griffiger“ gemacht werden, indem man Steine von unterschiedlicher Höhe quer verlegt.*

*Zu glatte Bodenbeläge in den Ausläufen können mit einer dünnen Sandschicht rutschfester gemacht werden.*

*Ausgewaschene Beläge stellen auch bei Rasengittersteinen eine Gefahrenquelle dar.*

Will man einen Weich-Boden bekommen, so kann man auf die Rasengittersteine eine Mischung aus Sand und Hobelspäne auftragen, die sich als Tretschicht bestens bewährt hat und außerdem recht gut sauber zu halten ist.
Wie man letztendlich einen Auslauf aufbaut und wie er aussieht, hängt im großen Maße von den vorhandenen Gegebenheiten wie beispielsweise Hanglage, tiefer Boden und so weiter ab. Auch die Besatzstärke spielt bei der Anlage des Auslaufes eine wichtige Rolle: Viele Pferde auf kleinem Raum stellen logischerweise höhere Anforderungen an den Auslauf als wenige Pferde auf großem Raum. Und natürlich müssen auch der mögliche tägliche Arbeitseinsatz und der Geldbeutel des Halters berücksichtigt werden. Ein Pauschalrezept kann es daher nicht geben.
Eine Gemeinsamkeit sollten aber alle Ausläufe aufweisen: Die Auslaufflächen müssen an allen Stellen höher liegen als das Umfeld, damit das Wasser gut abfließen kann.

***„Technische" Daten:***

*Mindest-Auslauf-Flächen können nach folgenden Formeln berechnet werden:*

- *Außenbox mit Auslauf:* $(2 \times Wh)^2$
- *Laufstall mit Tränke und Futter außen:* $2 \times (2 \times Wh)^2$

*(Wh = Widerristhöhe)*

## Die Auslaufgestaltung

Wie bereits erwähnt, kann man den Auslauf als eine Art „Marktplatz" für die Pferde ansehen. Damit er diese Funktion aber auch erfüllt, sollten einige Dinge beachtet werden. Wie wir wissen, ist das Pferd ein Fluchttier. Bei Gefahr läuft oder stürmt es zunächst einmal davon. Diesem Verhalten muß man Rechnung tragen, wenn man den Auslauf pferdegerecht gestalten möchte.

*Abwechslung und lange Wege sind bei der Auslaufgestaltung gefragt.*

*„Raumteiler" in unterschiedlichsten Ausführungen bringen mehr Ruhe in die Gruppe und bieten rangniederen Tieren Schutz. Sie sollten weder im Auslauf noch im Stall fehlen.*

*Im Idealfall bietet der natürliche Geländeverlauf den Pferden vielfältige Bewegungsanreize. Wo dies nicht der Fall ist, sollte man durch entsprechend plazierte Hindernisse für Abwechslung sorgen.*

*Pferde benutzen gerne Trampelpfade. Man sollte genau beobachten, auf welchen Wegen sie sich am liebsten bewegen, und danach den gesamten Auslauf gestalten – zum Beispiel mit Umwegen, Hindernissen und so weiter.*

Zunächst sollte die Größe des Auslaufes so bemessen sein, daß jedes Pferd einem Artgenossen ohne große Schwierigkeiten ausweichen kann. Engpässe oder Ecken müssen mit „Raumteilern" wie zum Beispiel Tonnen oder „Verkehrsinseln" wie beispielsweise Traktorreifen bestückt werden. Um diese Einrichtungen können die Pferde herumlaufen oder sich sogar dahinter „verstecken".
Der Auslauf sollte möglichst lange Wege aufweisen, weil die Pferde dadurch zu mehr Bewegung angeregt werden. Außerdem sollte er möglichst abwechslungsreich gestaltet sein – ein einfacher, rechteckiger Auslauf ist beispielsweise

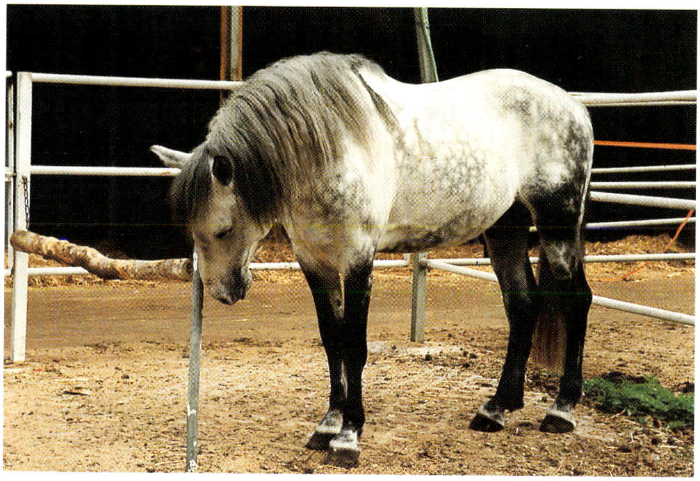

*Jedes Pferd muß die Möglichkeit haben, sich ausgiebig zu kratzen oder zu scheuern. Diese Körperpflege entspannt die Pferde und fördert ihre Gesundheit.*

recht phantasielos. Abwechslungen im Geländeverlauf sollten daher mit einbezogen werden.
Da unbedingt Schatten- und Schutzplätze (zum Beispiel vor Insekten) vorhanden sein müssen, sollten nach Möglichkeit Bäume in den Auslauf integriert werden. Sie können zum Beispiel auch als „Verkehrsinseln" dienen, müssen allerdings vor Verbiß geschützt werden.
Weitere Auslauf-Elemente sind Absatzstufen, zum Beispiel in Form von Baumstämmen oder Rundhölzern, die vor den einzelnen Stationen wie Ruheraum, Futterplatz, Sand-Wälzplatz und so weiter angebracht werden. Diese Stufen erhöhen zum einen die Aufmerksamkeit der Pferde, zum anderen verhindern sie beispielsweise, daß zuviel Einstreu aus dem Ruheraum herausgeschleift wird.
Alle verschiedenen Anlauf-Stationen wie Futterstände, Kratzbürsten, Tränken oder Strohraufen werden möglichst weit voneinander entfernt installiert, so daß sich die Wege vervielfachen. Die bald entstandenen „Trampelpfade" werden mit Hindernissen wie Autoreifen, Baumstämmen, Wasserlöchern und so weiter versehen, so daß die Pferde auf ihren Wanderungen gleichzeitig trainiert werden beziehungsweise ihre Hufe pflegen.
Die Ausläufe sollten von den Menschen durch „Schlüpfe" begangen werden können, so daß man nicht umständlich irgendwelche Tore öffnen und schließen muß. Sämtliche Zu- und Abgänge sind so zu gestalten, daß sie von einer Person leicht zu bedienen sind.

*Oben: Das Knabbern an allen möglichen Holzteilen oder Ästen vertreibt die Langeweile – ein Effekt, den man auch mit „Pferde-Spielzeug" erreichen kann.*

*Rechts: Keine Angst vor Verbiß: Das oberste Brett dieses Troges wird ausgetauscht, sobald es „abgefressen" ist.*

*Bei modernen Haltungs-Systemen ist Bautechnik gefragt. Hier zwei Beispiele für den sinnvollen Einsatz von Kunststoff-Rohren – links als Verbiß-Schutz für einen Stützpfeiler und unten als Schacht für den Zaunpfosten.*

Außerdem soll der Auslauf jederzeit in verschiedene Abschnitte zu unterteilen sein. Notwendig wird diese Abtrennung zum Beispiel bei Umgruppierungen von Pferden, bei der Eingewöhnung eines Neuzuganges oder wenn man aus arbeitstechnischen Gründen „freie Bahn" haben muß. Bei der Außenbox mit Paddock muß es beispielsweise möglich sein, das Pferd einmal in der Box einzusperren und ein anderes Mal im Paddock. In beiden Fällen kann man dann zwischen Box und Paddock bequem mit den Arbeitsgeräten durchfahren.

Doch auch bei den schönsten Gestaltungs-Ideen sollte man darauf achten, daß der gesamte Auslauf stets leicht zu reinigen sein muß.

Die „natürliche", artgerechte Pferdehaltung steht und fällt mit dem Auslauf. Ist dieser aus der Sicht der Pferde perfekt und aus der Sicht der Menschen schön und sauber, so kann man dem Pferdehalter nur zu seinem Meisterstück gratulieren.

# Weide und Koppel

*Regelmäßiger Aufenthalt auf einer Weide ist leider längst nicht für alle Pferde eine Selbstverständlichkeit.*

*Haltungsmängel im Spitzensport*

*In einer führenden Pferde-Zeitschrift wurden neun Spitzenreiter und ein Spitzenfahrer gefragt, ob ihre Pferde regelmäßig auf die Weide kämen. Das Ergebnis der Umfrage: Nur sechs der befragten zehn Spitzensportler lassen ihre Pferde auf die Weide, zwei bringen sie in einen Paddock, und zwei bieten weder Weidemöglichkeit noch Abwechslung im Paddock!*
*Welch Lebensglück hatte da die „Springkanone" Milton: Er kam jeden Tag auf die Weide – aber vielleicht lag es genau daran, daß er so ein Ausnahmepferd wurde ... Solche „Einzelfälle" sprechen sich anscheinend nur sehr selten herum.*

Weidende Pferde bieten einen schönen Anblick, und jeder Spaziergänger, der ihnen beim Grasen zuschaut, wird meinen, daß dies eine ganz selbstverständliche Sache sei.

Leider ist es aber keine Selbstverständlichkeit, daß unsere heutigen Pferde Weidegang haben. Viele Pferdebesitzer möchten keine zehn oder 20 Minuten zusätzliche Fahrzeit in Kauf nehmen, „nur" um ihr Pferd im Grünen begrüßen zu können. Nein, dieser Aufwand ist ihnen zuviel, und deshalb halten sie ihre Vierbeiner lieber in einer Box, möglichst noch mitten in der Stadt.

Bei einer „natürlichen", artgerechten Pferdehaltung darf das Hinauslassen der Pferde auf die Wiesen nicht fehlen. Der Weidegang sollte fester Bestandteil jedes modernen Haltungs-Systems sein. Er entspricht noch am ehesten den natürlichen Bedürfnissen und Verhaltensweisen der Pferde, die sich beim entspannten Grasen ja größtenteils im Schritt bewegen, in der freien Natur bis zu 16 Stunden am Tag fressen und dabei kilometerlange Wege zurücklegen. Die Pferde sollten sich bei jedem Wetter und zu allen Jahreszeiten auf einer möglichst „bunten" Wiese aufhalten können, die selbstverständlich rundum eingezäunt sein muß.

Die Haltung nur in einer Box (Einzelhaltung) oder in einem Stall (Gruppenhaltung) reicht für ein Pferd überhaupt nicht aus, auch wenn es regelmäßig geritten wird! Das erkennen in letzter Zeit immer mehr Pferdebesitzer, denn durch die pferdefreundlichere Haltung sind die Tiere ausgeglichener, leichter zu reiten und dabei noch leistungsbereiter. Außerdem werden die Tierarztkosten durch eine artgerechte Haltung beachtlich gesenkt. Kurz: Das Pferd ist glücklicher und der Mensch auch.

Damit die Pferde einfach, ohne allzu großen Arbeitsaufwand und gefahrlos auf die Wiesen gelangen können, sollten die Zugänge möglichst direkt an das jeweilige Haltungs-System angeschlossen sein.
Natürlich müssen die Wiesen rundherum eingezäunt sein. Dadurch werden sie zu Weiden oder Koppeln, die sich durch verschiedene Aspekte voneinander unterscheiden.

## Die Weide

So nennt man eine eingezäunte Wiese, auf der das Pferd weidet. Das heißt, daß die Weide in erster Linie der Ernährung des Pferdes dient. Gleichzeitig werden aber auch die Bedürfnisse nach Bewegung und sozialen Kontakten abgedeckt, da man ja meist mehrere Pferde zusammen auf die Weide läßt. Durch den Aufenthalt auf der Weide wird die Gesundheit allgemein gefördert – und sei es nur dadurch, daß sich das Pferd auf der Weide von außergewöhnlichen Belastungen erholen kann.
Je nach Verwendungsart unterscheidet man folgende Weide-Typen:

- **Standweiden:** Hier steht den Pferden nur eine einzige Weide zur Verfügung. Sie halten sich ständig dort auf.

- **Umtriebsweiden:** Zu dieser Form des Weidebetriebes gehören mehrere Weiden, auf die die Pferde nacheinander beziehungsweise wechselweise umgetrieben werden.

- **Portionsweiden:** Die jeweils abzugrasende Weide wird mit einem versetzbaren Zaun nochmals in Portionen (meist Tagesrationen) unterteilt, so daß eine intensive Beweidung erfolgt.

- **Mähweiden:** Dieser Weidetyp wird teils gemäht – beispielsweise zur Heugewinnung. Später wird die Fläche dann als normale Weide genutzt.

***„Technische" Daten:***

*Ein Großpferd benötigt eine Weidefläche von etwa einem halben Hektar. Bei intensiverer Weidewirtschaft (beispielsweise Umtriebsweide) braucht man eventuell nur die Hälfte dieser Fläche. Bei der Berechnung des Flächenbedarfs spielen natürlich auch die Bodenbeschaffenheiten und Klimaverhältnisse eine große Rolle.*

## Die Koppel

Kleine Weiden werden als Koppeln bezeichnet. Sie dienen in erster Linie nicht der Nahrungsaufnahme, sondern der natürlichen Entspannng und Bewegung. Meist halten sich die Pferde hier nur kurzzeitig auf, so daß auch der Erholungseffekt nicht so groß ist wie beim Aufenthalt auf der Weide. Trotzdem ist selbst der kürzeste Koppel-Aufenthalt immer noch besser als gar keiner!
Die Matschkoppel wurde bereits im Abschnitt über Ausläufe beschrieben (siehe Seite 110). Wie der Name schon

sagt, ist ihr Hauptmerkmal der Matsch. Von der ehemaligen Weide ist nichts mehr zu sehen, die Grasnarbe ist verschwunden, und hie und da schauen einmal Unkräuter aus tiefen Hufeindrücken heraus. Der Vorteil der Matschkoppel liegt darin, daß das Pferd wenigstens an der frischen Luft ist und sich die Sonne aufs Fell brennen lassen oder den Regen zum Abduschen nutzen kann.

## Pferdezäune - stabil und sicher

Keine Weide oder Koppel ohne Zaun! Die Umzäunung der Wiesen ist ein wesentlicher Bestandteil der „natürlichen", artgerechten Pferdehaltung. Die Pferdezäune sollen so gut wie irgend möglich verhindern, daß die Pferde die ihnen zugeteilten „Laufgärten" oder „Freigehege" - wie man die Weiden/Koppeln auch nennen könnte - verlassen können.

Die Einzäunungen müssen daher folgende Anforderungen erfüllen:

- Sie müssen ausbruchsicher sein - zum Beispiel durch den Abschreckungseffekt des Stromschlages beim Elektro-Zaun beziehungsweise durch eine ausreichende Zaunhöhe.

- Sie sollen leicht zu bedienen sein, die Tore müssen also beispielsweise leicht zu öffnen und schließen sein.

*Tore sollten möglichst mit einer Hand zu bedienen sein, was bei diesem Stangentor eher schwierig sein dürfte.*

- Sie müssen stabil sein, was man zum Beispiel durch massive Ausführungen erreicht.

- Sie dürfen keine Verletzungsgefahr darstellen, es dürfen also beispielsweise keine scharfkantigen, spitzen oder splitternden Materialien verwendet werden.

- Bei der Ausgestaltung der Ecken muß darauf geachtet werden, daß die Zäune abgeschrägt oder rund verlaufen, damit keine toten Winkel entstehen, in denen sich die Pferde verfangen können oder in die ein Pferd von einem anderen hineingetrieben werden kann.

Außerdem sollen die Pferdezäune möglichst preiswert und leicht zu errichten, anspruchlos im Unterhalt und einfach zu reparieren sein.
Baurechtlich gesehen sind Zäune oder Einfriedungen „bauliche Anlagen" und somit genehmigungspflichtig. Im Baurecht werden Zäune im Innenbereich (beispielsweise innerhalb der Dorfgrenzen) und solche im Außenbereich unterschieden.
Im Innenbereich sollten normalerweise keine größeren Probleme auftauchen, auch wenn unter anderem bestimmte Abstände zum Nachbarn zu beachten sind. Im Außenbereich wird das Errichten von Zäunen dagegen nur Landwirten gestattet, wenn die Einfriedungen „einem land- oder forstwirtschaftlichen Betrieb dienen".

*Abgeschrägte Ecken sorgen dafür, daß kein Pferd ein anderes in einen „ausweglosen" Winkel treiben kann.*

Grundsätzlich sollten Zäune das Landschaftsbild nicht stören. Weiße Kunststoffbänder werden deshalb oft abgelehnt, ebenso zu massiv wirkende Konstruktionen wie zum Beispiel Zäune aus Leitplanken.
Es ist aber zu beachten, daß nur Festzäune, also permanent aufgestellte Einzäunungen, genehmigungspflichtig sind. Die sogenannten Mobil-Zäune dagegen sind von der Genemigungspflicht nicht betroffen. Darunter versteht man Zäune, die nur für einen bestimmten Zweck wie etwa Schutz der Vegetation oder Abgrenzung für ein Turnier kurzzeitig auf- und dann wieder abgebaut werden.

## Verschiedene Zaun-Typen

Die verschiedenen Einzäunungen/Einfriedungen kann man folgendermaßen einteilen:

- **Starre Zäune:** Sie bestehen aus Materialien wie Holz (Latten, Bretter, Stangen), Metall (Stangen, Profile wie beispielsweise Leitplanken) oder Kunststoff (Rohre, Rechteckprofile und so weiter).

- **Elastische Zäune:** Damit sind beispielsweise Einzäunungen aus Gummistreifen (aus alten Förderbändern herausgeschnitten), aus kunststoffummantelten Stahldrähten/-seilen oder aus „Drähten" aus hochfestem Kunststoff gemeint, aber auch Konstruktionen wie Knotengitter aus Stahldrähten und so weiter.

- **Elektro-Zäune:** Sie sind seit einigen Jahren wohl am weitesten verbreitet. Elektro-Zäune machen die Pferdehaltung nicht nur sicher, sondern auch äußerst preiswert. Als Materialien werden Bänder, Seile und Litzen aus gewebten beziehungsweise gedrehten Kunststofffäden verwendet. Sie sind mit feinen, stromführenden Metalldrähten durchsetzt.

- **Natürliche Zäune:** Dies können zum Beispiel Flußläufe, Steilwände, Naturmauern, Gräben, Waldränder und so weiter sein. Nicht zu vergessen die Hecken, die nicht nur schön aussehen, sondern auch ökologisch (Lebensraum für Kleinlebewesen) und klimatisch

*Zäune gibt es in zahllosen Ausführungen. Man kann mit den unterschiedlichsten Materialien gute Einfriedungen erstellen.*

(Feuchtigkeit, Schatten, Windbrechen und so weiter) einen sehr hohen Wert haben. Besonders zu empfehlen ist in diesem Zusammenhang die *Benjes-Hecke*, die besonders preisgünstig ist und nach ihrer Errichtung viele Aufgaben für die Natur (und den Pferdehalter) erfüllt.

Da sich alle aufgezeigten Möglichkeiten bestens kombinieren lassen, sind die unterschiedlichsten Variationen von Pferdezäunen möglich, die sämtlichen Anforderungen an eine moderne und artgerechte Pferdehaltung gerecht werden.
Die Ausbruchsicherheit der beschriebenen Einfriedungen beruht einerseits auf der mechanischen Festigkeit und der Höhe der Materialien. Andererseits kommt beim Elektro-Zaun der sehr wirkungsvolle Abschreckungseffekt durch den Stromschlag zum Tragen. Pferde spüren das elektromagnetische Feld auch ohne Berührung sehr gut, und sie haben durch den Stromschlagschock einen riesigen psychologischen Respekt davor. Nicht zu unterschätzen ist die optische Barriere der einzelnen Elemente. Das heißt, die Einzäunung soll gut sichtbar sein – und zwar mindestens aus der Entfernung, die es einem herangaloppierenden Pferd noch erlaubt, rechtzeitig abzubremsen.
Die Funktionalität und Haltbarkeit einer Zaunanlage steht und fällt mit deren Eckpfosten. Sie haben schließlich die Haupt-Zuglast abzufangen, die beim Spannen der Zaunelemente entsteht. Zugbelastungen von mehreren hundert

*Hier sehen Sie einen perfekten „Geisterzaun", Sie sehen nämlich nichts! Doch in Wirklichkeit ist „er" tatsächlich vorhanden; man kann es an den Isolatoren erahnen ...*

Kilogramm sind keine Seltenheit. Je stärker beispielsweise ein Zaundraht gespannt ist, desto weniger leicht können sich die Pferde daran verletzten. Lockere Drähte können sich dagegen eher um Pferdebeine schlingen.
Die Eckpfosten-Konstruktionen müssen daher äußerst stabil angelegt sein, weshalb sie oft einbetoniert werden. In jedem Falle ist es ratsam, sie immer ein wenig schräg zu setzen, und zwar entgegen der Zugrichtung. Mit der Zeit geben sie nämlich in der Zugrichtung nach.
Als Zaunhöhe dürften 150 Zentimeter völlig genügen. Im Außenbereich darf dieses Maß ohnehin nicht überschritten werden. Die Abstände der einzelnen Pfosten sollten bei etwa dreieinhalb bis vier Metern liegen.
Es sollten immer drei horizontal verlaufende Stangen, Drähte, Bänder oder ähnliches installiert werden, deren Abstände zueinander ungefähr gleich groß sein müssen. Dabei muß man darauf achten, daß sich die unterste horizontale Zaunanordnung nicht zu nahe am Boden befindet. Sie sollte in einer Höhe von circa 50 Zentimetern verlaufen, da die Pferde dort sonst beispielsweise beim Wälzen oder Liegen mit den Beinen hängenbleiben könnten.

## Zauntore

Bei der Pferde-Einzäunung stellen die Tore eine erhebliche Gefahrenquelle für die Pferdehalter dar. Sie sind aber auch eine Schwachstelle bezüglich der Ausbruchsicherheit.

*Ein einfaches, versetzbares „Do-it-yourself-Tor“*

*Zu tief gesetze Drehgelenke an Toren können zu bösen Verletzungen führen, wenn sich die Pferdehufe von oben her „einfädeln". Der wegstehende Torgriff ist ebenfalls verletzungsträchtig.*

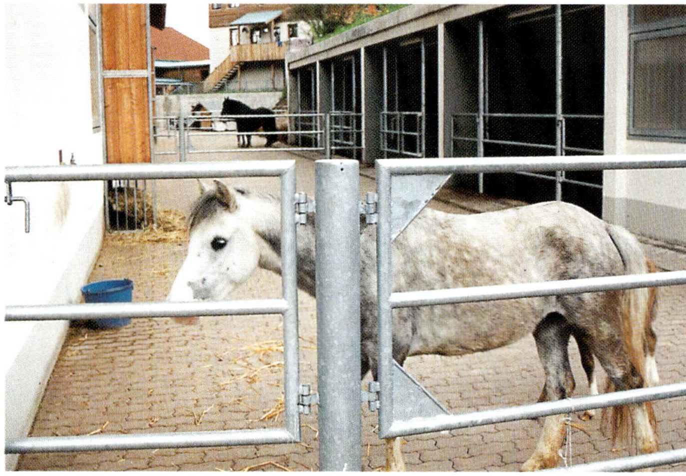

Deshalb sollten sie leicht zu bedienen und abschließbar sein – letzteres verlangen sogar manche Versicherungen. Die Tore sollten so breit sein, daß auch Traktoren sie leicht passieren können. Die Spiralfedern mit Torgriffen beim Elektro-Zaun sind abzulehnen, weil sie zu bösen Unfällen führen können – beispielsweise, weil das Schweifhaar darin hängenbleibt.

## Regelmäßige Zaunkontrolle

Beim Elektro-Zaun muß man darauf achten, daß stets eine Mindestspannung von 2000 Volt vorherrscht – andernfalls

*Die Spiralfedertore sollten völlig verschwinden, selbst wenn sie mit einem Band durchzogen sind. Durch sie sind schwerste Verletzungen – sogar mit Todesfolge – entstanden!*

wird die abschreckende Wirkung sofort aufgehoben. Daher muß die Spannung täglich mit einem Zaun-Spannungs-Meßgerät geprüft werden.
Überhaupt sollte man es sich zur Gewohnheit machen, die ganze Einfriedung regelmäßig zur Kontrolle abzuschreiten oder abzufahren, um mögliche Mängel rechtzeitig abstellen zu können. Auch ein „Ranch-Kontroll-Ritt" zu zweit in der Abendsonne ist nicht zu verachten ...
Bei Schadensfallen wird peinlich genau untersucht, ob all die aufgezeigten Bedingungen, die zu einer sicheren Einzäunung gehören, auch tatsächlich erfüllt waren. Es ist auch aus diesem Grund mehr als ratsam, verantwortungsbewußt auf alle Sicherheitsfaktoren zu achten.
Wind, Kälte, Hitze, Sonneneinstrahlung, Schneelast und so weiter können der Einfriedung ziemlich zusetzen. Vor allem Elektro-Bänder werden durch den Witterungseinfluß oft stark in Mitleidenschaft gezogen. So werden sie durch die Schneelast erheblich gedehnt und durch den Wind in Schwingungen versetzt, wodurch sie sich an den Isolatoren regelrecht abwetzen.
Besonders im Frühjahr vor dem Auftrieb auf die Weiden und Koppeln sollte die Standfestigkeit der Pfosten kontrolliert werden.
Außerdem muß man Holzteile auf Splitter und Brüche, Isolatoren auf Vollständigkeit und Elektro-Zäune auf Leitfähigkeit prüfen sowie Roststellen an Elektro-Kontakten entfernen.

*Elektro-Zaun-Tore sind in der Handhabung besonders schwierig und oft sehr gefährlich. Öffnet man zum Beispiel ein Tor mit drei E-Bändern, so hat man eben drei Zaun-Griffe in einer Hand – meist legt man aber zwei davon auf den Boden. Ein „Torstock", der nur einen Torgriff aufweist, schafft Abhilfe.*

Während der Sommerzeit muß beim Elektro-Zaun der zu hohe Bewuchs entfernt werden, damit die Spannungsstärke des Zaungerätes erhalten bleibt. Auch die Erdung muß regelmäßig überprüft werden, und es müssen eventuell Erdungsstäbe neu gesetzt werden.
Bei den notwendigen Imprägnierungen zum Schutz des Holzes sollte man besonders auf deren Umweltverträglichkeit und auf die Unschädlichkeit für die Pferde achten.

***Was kostet welcher Zaun?***

*Die aufgezeigte Vielfalt der Zaun-Variationen macht schlüssige Kostenangaben fast unmöglich. Dennoch sollen hier einige grobe Anhaltspunkte gegeben werden. Die Angaben beziehen sich auf eine Zaunlänge von 100 Metern mit jeweils dreireihiger horizontaler Anordnung und einem Pfostenabstand von dreieinhalb Metern. Die Tore und Eckpfosten wurden nicht berücksichtigt.*

***Starrer Zaun:***
- *Holzstangen: circa DM 1.000,-*
- *Kunststoff: circa DM 4.000,-*
- *Metall: circa DM 8.000,-*

***Elastischer Zaun:***
- *Breitband: circa DM 300,-*
- *Kunststoff-Draht: circa DM 800,-*

***Natürlicher Zaun:***
- *Benjes-Hecke mit einreihigem E-Zaun: circa DM 200,-*

Jeder Pferdehalter sollte bei der Auswahl seiner Zaunanlage berücksichtigen, daß Pferde auch mal gerne einen Ausflug „in Nachbars Garten" unternehmen, daß sie oft schreckhaft davonstürmen oder sich vor Fliegen schützen wollen – und so weiter. Daher ist es außerordentlich wichtig, geeignete Zaunanordnungen auszuwählen und ihnen die notwendige Pflege und Kontrolle zukommen zu lassen – zum Wohle der Pferde und der Mitmenschen. Grundsätzlich gilt aber: Der beste Zaun ist immer noch eine gute Weide!
Eine „billige" Zaunausrüstung kann plötzlich sehr teuer werden. Dagegen bringt eine gut gepflegte Zaunanlage wenig Ärger und wirkt auf den Betrachter stets ansprechend und einladend.
Letztendlich hängt die Wahl der entsprechenden Umzäunung von vielen Faktoren ab – so stellen zum Beispiel die Hengsthaltung oder eine Weide in der Nähe einer Autobahn ganz besondere Anforderungen. Es muß also stets individuell entschieden werden, welches Zaunsystem am besten geeignet ist.
Die vielfältigen Ausführungsmöglichkeiten und technischen Anwendungen sowie Hilfengebungen für den Weide-Aufbau können Sie meiner ergänzenden Loseblattsammlung, dem Handbuch ***„Natürlich artgerechte Pferdehaltung"*** entnehmen. Kostenloses Informationsmaterial darüber kann mit dem vorgedruckten Formular ganz hinten im Buch bestellt werden.

## Weidewirtschaft

Ohne Wiese keine Weide! Pferde mögen die unterschiedlichsten Futterarten und keinen eintönigen „Kantinen-

Fraß". Deshalb ist es sehr wichtig, die Weide mit einer möglichst artenreichen Speisekarte zu versehen.
Wie „bunt" eine Wiese tatsächlich sein kann, wird einem klar, wenn man sich vor Augen führt, daß dort 100 und mehr verschiedene Pflanzenarten vertreten sein können. Zahlreiche Gräser, Kräuter (leider auch Unkräuter) und kleeartige Pflanzensorten machen den Pferden so richtig Appetit. Damit all dieses „Grünzeug" auch kräftig wachsen kann, müssen die Weiden regelmäßig gepflegt werden. Diese Weidepflege muß je nach den Bodenverhältnissen bereits im Februar oder März beginnen, und sie endet erst im Oktober/November wieder.
Im Frühjahr bereitet man die Wiese zunächst für das Walzen vor, indem man sie abschleppt. Dadurch werden die Maulwurfshügel und ausgebrachte Dungreste zerstreut. Ist die Grasnarbe mit Moos verfilzt, so muß die Weide außerdem gestriegelt werden. Das Walzen erfolgt meist nur auf weichen, lockeren Böden. Es hat den Zweck, die empfindliche Narbe für die zerstörerischen Pferdehufe zu verfestigen und eine bessere Verbindung zum Boden herzustellen.
Mineraldünger sollte nur als Ergänzung ausgebracht werden. Die Mengen und Zusammensetzungen hängen einerseits von der Untersuchung der Bodenproben ab und andererseits davon, für welche Arten von Grünland der Dünger gedacht ist. Zuviel davon schadet der Umwelt und zusätzlich dem Geldbeutel.

## Was tun mit Pferdemist und Unkraut?

Pferde sind keine besonders pflegsamen Weidetiere. Das heißt, daß der Bewuchs stark strapaziert wird. Wo die Pferde Mist fallen lassen oder Harn abgeben, entstehen außerdem die sogenannten Gailstellen: Die dort wachsenden Pflanzen werden von den Pferden nicht mehr gefressen. Deshalb müssen die gesamte Weide und besonders diese Stellen regelmäßig nachgemäht und abgeräumt werden.

Um eine Wiederansteckung durch Wurmeier zu verhindern, sollte der Pferdemist regelmäßig von den Weiden entfernt werden. Das Ausstreuen von Kalkstickstoff gleich

zu Beginn der Weidepflege düngt übrigens nicht nur, sondern vernichtet auch einen Großteil der Parasiten wie zum Beispiel Wurmeier und Larven.
Wie schon erwähnt, leiden die meisten Wiesen sehr unter der Beweidung durch Pferde. Das beginnt schon mit den tiefen Hufeintritten, die die Narbe verletzten. Dort wachsen auch gerne Unkräuter nach, die regelmäßig behandelt werden sollten – sei es durch mechanisches Abmähen, durch Mulchen (Zerreißen der überstehenden Pflanzen) oder durch chemische Mittel. Einzelbehandlungen durch Ausstechen der ganzen Unkrautpflanze, durch Bestreichen oder Abflammen haben sich als schonende Methoden sehr bewährt.
Auch das gemeinsame Abweiden mit Rindern ist bei der

*Bei ständigem Weidegang muß ein Witterungsschutz vorhanden sein. Dieser hier zeichnet sich unter anderem durch „interessante" Ein-/Ausgangslösungen aus ...*

Weidepflege äußerst hilfreich, denn die unterschiedlichen Geschmäcker, Verdauungsgewohnheiten, Abbißmethoden und Druckverhältnisse der Hufe beziehungsweise Klauen ergänzen sich vorzüglich.

Es bleibt nicht aus, daß die Weiden regelmäßig nachgesät werden müssen, um fehlende Pflanzen wieder anzusiedeln. Im Landhandel sind ganz gezielt auf Pferde abgestimmte Saatmischungen erhältlich. Bevor man solche Mischungen einsetzt, sollte man allerdings den Bestand auf der Weide überprüfen, um ihn „richtig" zu ergänzen.

Ein sehr wichtiger Bestandteil der Weidepflege ist das Umtreiben auf verschiedene Weiden beziehungsweise Koppeln. Ist die Ruhezeit einer Wiese nämlich lang genug, so erholt sich der Bewuchs recht gut. Außerdem hat das Umtreiben den Nebeneffekt, daß es den Ansteckungskreislauf der Pferdeparasiten unterbricht.

Noch zwei allgemeine Hinweise für den Weidebetrieb:
Wenn die Pferde ständig auf der Weide sind, muß ein entsprechender Witterungsschutz vorhanden sein. Diese Funktion können entsprechend große Bäume beziehungsweise Waldabschnitte erfüllen. Ansonsten muß man eine genügend große Weidehütte aufstellen, die wiederum von allen Koppeln aus zu erreichen sein muß. Dabei ist allerdings auch zu beachten, daß der Wetterschutz meist eine untergeordnete Rolle spielt: Die Mücken- und Fliegenplage bereitet den Pferden in der Regel wesentlich größere Probleme. Daher sollten die Unterstände entsprechend dunkel und kühl sein.
Selbstverständlich muß den Pferden ständig frisches Wasser zur Verfügung stehen. Die Tränke sollte mindestens einmal täglich kontrolliert werden.
Tränken für Weide und Auslauf gibt es in den unterschiedlichsten Variationen. Einige Beispiele können Sie auf der nächsten Doppelseite sehen.

*Tränken gibt es in den unterschiedlichsten Variationen – vom Kunststoff-Behälter, den man an jeden Traktor anhängen kann, über den hübschen Steinbrunnen und den alten Viehbrunnen bis hin zur praktischen Badewanne. Für alle gilt, daß das Wasser immer frisch sein muß – auch im Winter.*

*Zwischen Boxen und Ausläufen sollte immer Platz für einen bequemen Arbeitsgang sein, auf dem auch Maschinen eingesetzt werden können. Dabei müssen die Umzäunungstore so konstruiert sein, daß man die Pferde ohne Mühe entweder nur in die Boxen oder nur in die Ausläufe einsperren kann. Sollen Maschinen eingesetzt werden, so muß man auch deren Wendekreis beachten.*

# Arbeitstechnik und Arbeitsgeräte

*Geschniegelt und gestriegelt*

*Besucher in unserem Bewegungsstall fragen mich oft, wie wir es denn bei der ganzen Arbeit schaffen, so viele Pferde auch noch zu putzen. Wenn sie dann hören, daß wir überhaupt kein Pferd putzen, sind sie meist mehr als erstaunt. Die Pferde sehen nämlich alle „geschniegelt und gestriegelt" aus und glänzen prächtig.*

*Ohne Decke winterfest*

*Fredy Knie, der große Pferdemann aus der Schweiz, in der es bekanntlich wirklich kalt sein kann, berichtete folgendes: Ihm fiel auf, wie gesund seine Zebras immer durch den Winter kamen, während seine Pferde oft kränkelten. Auf der Suche nach der Ursache stellte er fest, daß die Zebras genauso gehalten und behandelt wurden wie die Pferde – mit einer „kleinen" Ausnahme: Die Pferde wurden täglich eingedeckt. Sofort ließ er das Eindecken bleiben – und siehe da: Alle Pferde blieben gesund! Seitdem wird bei Fredy Knie kein Pferd mehr eingedeckt …*

Bei der „natürlichen", artgerechten Pferdehaltung müssen verschiedene Aspekte berücksichtigt werden, mit denen man bei der herkömmlichen Haltung ganz anders umgeht.

## Die Pferdepflege

Artgerecht gehaltene Pferde leben nun einmal draußen und müssen mit Wind und Wetter zurechtkommen. Wie schon hinreichend erläutert, können sie das auch spielend, denn die Natur hilft sich bestens. So bildet sich um jedes einzelne Haar ein kompakter Fettfilm, der das Wasser abperlen läßt und die Haut außerdem vor Schmutz schützt.
Am besten kann man diesen Effekt an ehemaligen Boxenpferden (und deren Besitzern) beobachten: In den ersten Wochen nach der Umstellung wird der vierbeinige Liebling wie gewohnt 30 bis 40 Minuten lang gepflegt, ehe man zum Reiten bereit ist. Später, wenn man die Erfahrungen der Laufstallhaltung mitbekommen hat, geht das alles in circa zehn bis 20 Minuten, ohne daß das Pferd dabei vernachlässigt würde. Die Besitzer haben nämlich mittlerweile begriffen, daß man den natürlichen Schutz des Fells und der Haut nicht durch übermäßiges Bürsten und Striegeln entfernen darf, sondern nur den oberflächlichen, groben Schmutz. Dafür bietet sich zum Beispiel ein Gumminoppen- oder Plastik-Striegel an. Das übliche Zählen der ausgeklopften Striegel-Staubabdrücke, die womöglich noch an irgendwelchen Stallwänden hinterlassen werden, muß dem Pferd zuliebe entfallen.
Gleiches gilt auch für die „Decken-Bekleidung" des Pferdes. Ein artgerecht gehaltenes Pferd braucht nach der Arbeit keinen zusätzlichen Mantel – schließlich trägt es ja schon seinen eigenen. Das Pferd ist bestens gerüstet und kann auch größere Temperaturschwankungen – wie schon beschrieben – „mit links" wegstecken.

Man muß auch bedenken, daß beim Abnehmen der Decke, unabhängig vom Deckentyp, eine mehr oder weniger große Schock-Situation geschaffen wird. Schießlich ist das Pferd jetzt einem plötzlichen Temperatursturz ausgesetzt! Im übrigen sollte man sich daran erinnern, daß ein echter „Horseman" sein naßgerittenes Pferd nie einfach in den

Stall oder Auslauf stellt. Er wird es in der Winterzeit statt dessen erst gar nicht so weit kommen lassen – warum muß man in der kalten Saison eigentlich auch „volle Pulle" reiten? Und wenn es denn doch einmal passiert ist, wird der Horseman sein Pferd so lange führen oder abreiben, daß zumindest die Haut und das Unterhaar „trocken" sind.
In diesem Zusammenhang muß auch erwähnt werden, daß man sich das Verziehen oder Beschneiden der Langhaare nicht nur sparen kann, sondern sogar sparen muß. Schließlich sind diese Haare zum Schutz wichtiger Körperpartien da – so werden zum Beispiel die Fesselgelenke und -beugen durch den Kötenbehang geschützt.

## Das Füttern

Es gibt noch einen weit verbreiteten Arbeitsaufwand, der ebenfalls ersatzlos gestrichen werden kann: das Quetschen des Hafers. Man kann es, wie bereits erwähnt, bedenkenlos bleiben lassen, denn es bringt energiemäßig überhaupt nichts. Dies wurde von Prof. Heinz Meyer schon vor vielen Jahren wissenschaftlich festgestellt. Dem gesunden Pferd schadet Quetschhafer sogar, weil man ihm damit die Möglichkeit nimmt, beim Kauen genügend Speichel zu entwickeln.
Und da wir nun gerade beim Futter sind: Stroh und Heu sollen möglichst nicht aufgeschüttelt werden. Das Lockern des Rauhfutters führt nämlich zu einer mehr oder

*Futter- und Einstreulagerplätze sollten übersichtlich und trocken angelegt werden.*

weniger starken Staubentwicklung, die die Qualität der Stalluft sehr beeinträchtigt und zu Allergien und Schädigungen des Atmungsapparates führen kann.
Ist das Heu zum Beispiel über dem Stall gelagert, so kann ein außen angebrachter Schacht gleichzeitig als staubarmer „Transportweg“ und als Futterraufe im Auslauf dienen. Dadurch spart man sich wieder erhebliche Arbeit.

## Die Stall-Einstreu

Stroh hat sich als Einstreu bis jetzt immer noch bestens bewährt. Dies gilt besonders dann, wenn man eine Matratzen-Einstreu als geeignet ansieht. Auf Gut Wildschwaige betreiben wir dieses Verfahren neben anderen Methoden seit Jahren, auch wenn manche „Fachleute“ sagen und schreiben, daß die Pferde bei dieser Form des Einstreuens auf dem Misthaufen stehen würden. Wer so etwas behauptet, hat bestimmt noch nie eine gute Strohmatratze gesehen – geschweige denn selbst eine „erbaut“. Sicherlich liegt es daran, daß diese Methode so in Verruf gekommen ist.
Eine gute Matratze sieht ganz anders aus als ein Misthaufen, und sie riecht auch nicht so. Beim Entmisten unserer Ställe, das alle drei bis vier Monate erfolgt, kann man jedesmal verwundert feststellen, daß praktisch keinerlei Ammoniakgeruch wahrzunehmen ist. Schaut man sich dann den ausgefahrenen „Mist“ auf der Dungplatte an, so kann man fast keine nassen Partien ausmachen. Und das, obwohl wir in manchen Ställen lediglich täglich einstreuen, ohne den Dung oder die nasse Einstreu herauszunehmen.

**_Gut gebettet ..._**

*Dr. Hanno Dohn, Hauptgeschäftsführer des Landesreiterverbandes Rheinland und des Rheinischen Pferdestammbuches, hielt im Juni 1996 in Münster einen Vortrag über die Pferdehaltung. Dabei betonte er deutlich, daß die Stroh-Matratze wohl die geeignetste Einstreuart für die Pferde ist – wenn sie fachmännisch angelegt wird.*

Wenn man sich schon ein kritisches Urteil bilden möchte, dann sollte man auch berücksichtigen, daß eine Matratzenhaltung in einer Box völlig anders zu bewerten ist als in einem Laufstall. In einer Box hat das Pferd kaum Möglichkeiten, sich seinen Liegeplatz auszusuchen. Ganz anders im Laufstall: Dort wird sich das Pferd mit Sicherheit einen „sauberen“ Platz aussuchen und deshalb keine gesundheitlichen Schäden davontragen. Ganz abgesehen davon sind die Luftverhältnisse in einem Offen- oder Laufstall so gut, daß eventuell doch entstehende Schadgase sofort abzie-

hen. Kurz: Eine gute Stroh-Matratze als Unterlage zum Abliegen des Pferdes kann nur empfohlen werden.
In den bereits erwähnten Leitlinien des Bundesministeriums für Landwirtschaft steht: „Liegeflächen sind einzustreuen." Es ist ganz klar, daß einstreulose Liegeflächen nicht tiergerecht sind. Man sieht in solchen Ställen übrigens tatsächlich kaum Pferdemist, aber dafür „riechen" sie meist ganz gewaltig!
Bei unseren Inspekteurs-Tätigkeiten für die LAG konnten wir immer wieder feststellen, daß der einstreulose Ruheraum nur Vorteile für den Menschen hat, nicht aber für das Pferd. „Unsere Pferde legen sich viel lieber draußen im Auslauf oder auf der Wiese hin", sagen die Pferdehalter. Die meisten geben aber auch zu, daß sich das ganz schnell ändert, wenn doch einmal Stroh eingestreut wird: Dann suchen die Pferde die eingestreute Liegefläche sehr gerne auf!

## Das Entmisten des Stalles

Um die Entmistungs-Arbeiten bei eingestreuten Ställen auf ein erträgliches Maß zu reduzieren, kann man sich mit verschiedenen Maßnahmen helfen. Pferde wollen nun mal lieber im Stall misten oder harnen, weil der Untergrund dort gewöhnlich weich ist und sie sich daher nicht die Beine oder den Bauch vollspritzen – dieses Problem kann man ja bei den männlichen Tieren immer wieder beobachten.
Man kann das Absetzen von Kot und Harn aber auch nach draußen verlagern, indem man an bestimmten „Kreuzungen" der Pferdewege weiche Untergründe anbietet – sozusagen als Toilette. Hierfür bietet sich zum Beispiel Sägespäne an, die anfangs mit einem frischen Pferdekot-Haufen als „Köder" präpariert werden kann. Manchmal wirkt das erstaunlich gut, manchmal allerdings auch nicht ...
Beim Entmisten oder – besser gesagt – beim Pflegen einer Stroh-Matratze muß man gezielt und mit Bedacht vorgehen. Die Umsetzung dieser Forderungen ist allerdings gar nicht so einfach. Das „moderne" Stallpersonal kann sich mit dieser Methode nämlich meist nicht vertraut machen, da sie ja kaum noch angewandt wird. Daher beherrscht

*Dieser Misthaufen ist vorbildlich aufgesetzt und erbringt sicherlich einen hervorragenden Dünger.*

das Personal die Arbeitstechnik nicht und verrichtet die Stallarbeit so, als handele es sich um die übliche „Wechsel-Einstreu“. Dabei wird die gesamte Einstreu täglich gewechselt, oder es werden lediglich die Mist- und Harnstellen entfernt. Beim anschließenden Nachstreuen ist die Einstreuhöhe gering, da immer „alles sauber gemacht wird“. Damit das bei der Matratzenhaltung nicht passiert und damit man sich auch in einem großen Laufstall während der Arbeit nicht „verläuft“, hat sich folgende Vorgehensweise bewährt:

1. Man teilt die zu bearbeitende Liegefläche in sieben „Ta-

*Mit etwas Überlegung kann man das tägliche Entmisten und den Abtransport des Dungs recht bequem gestalten.*

gesabschnitte" ein – für jeden Tag der Woche ein Abschnitt.

2. Dann wird mittels einer engzinkigen Plastikgabel der gesamte oberflächliche Pferdemist abgesammelt, und das Strohbett wird allgemein eingeebnet.

3. Mit einer normalen Stahl-Mistgabel nimmt man die „frischen", nassen Stellen heraus. Die dadurch entstehenden Löcher füllt man sofort mit umliegendem Einstreumaterial auf, das man nun festtritt.

4. Jetzt nimmt man sich den jeweiligen Tagesstreifen vor und holt aus den tieferen Lagen vorsichtig eventuell vorhandene Anteile heraus, die bereits in Dung übergehen. Auf diese Weise bleibt die Matratze sehr lange Zeit „frisch" und muß weniger oft ausgewechselt werden.

5. Zum Schluß wird dann noch gleichmäßig eingestreut.

## Die Auslauf-„Einstreu"

„Eingestreut" werden auf Gut Wildschwaige seit circa zwei Jahren auch die verschiedensten Ausläufe. Allerdings nicht mit Stroh, sondern mit Kieselsteinen.
Praktisch alle Ausläufe, die keinen festen Belag wie zum Beispiel eingelegte Stirn-Rundhölzer haben, stellen den Halter vor das Problem der Mistentfernung. Ist man zum Beispiel wegen der Größe der Pferdegruppe nicht in der Lage, den Pferdemist beinahe im Entstehen einzusammeln, so wird er sich immer mit dem Belag des Auslaufes vermischen. Eine Reinigung ist damit schwierig – besonders, wenn es noch dazu regnet.
Deshalb entstand die Idee, nicht nur den Ruheraum im Stall, sondern auch den Auslauf regelmäßig einzustreuen – nur eben, wie gesagt, mit Kieselsteinen. Die Pferde treten nun einen großen Teil der Pferdeäpfel in die lockere Kiesschicht. Das hat den Vorteil, daß sie auch im schlimmsten Regen immer „oben" auf den Kieselsteinen stehen und nicht unten im Matsch, denn das Wasser kann ja bequem abfließen.

*Kiesaufschüttungen können als Auslauf-„Einstreu" verwendet werden. Sie fördern außerdem die Gesundheit der Hufe.*

## Das Entmisten des Auslaufes

Beträgt der Anteil des Mistes im Verhältnis zur Kieselstein-Masse etwa 30 Prozent, so trägt man diese Gemengeschicht mittels Hof-Trak ab und fährt sie auf Halde. Natürlich werden nun neue Kieselsteine aufgestreut.
Nach circa einem halben Jahr hat sich der Mist auf der Halde zu reinem Humus umgewandelt. Durch Sieben trennt man ihn jetzt von den Kieselsteinen und streut ihn als wertvollen Dünger auf die Wiesen. Die Kieselsteine hingegen kommen dann bei Bedarf wieder als Einstreumaterial auf den Auslauf, und der Kreislauf beginnt von neuem.
Die Kieselsteine haben aber noch einen weiteren großen Nutzen: Ihre runde Form hat eine massageartige Wirkung auf die Hufsohle und den Strahl. Dadurch wird die Hornqualität deutlich verbessert. Nach circa einem Jahr auf diesem Auslaufboden haben die Pferde „steinharte" Hufe!

## Der Hof-Trak

Die Reinigung der „Hart-Böden" im Auslauf erfolgt einfach mit Schaufel und Schubkarre. Bei größeren Pferdebeständen hat sich ein Hof-Trak als beweglicher Knicklenker bewährt. Mit seiner Schaufel kann man die Flächen sehr schnell abziehen, den Mist aufladen und ihn auf die Dungstätte bringen.

Mit diesem Trak kann man mittels eines Häckslers auch sämtliche Boxen und Ställe mit Stroh einstreuen. Da dabei jedoch eine erhebliche Staubentwicklung auftritt, müssen die Pferde zunächst ausgesperrt werden. Durch entsprechende Zusatzgeräte können mit dem Trak auch Arbeiten wie das Planieren des Reitplatzes, das Entmisten des Stalles, das Einstreuen mit Sägespäne und so weiter sehr zügig und einfach bewerkstelligt werden.

## Das Entmisten der Weiden

Für das leidige Entmisten der Weiden wurde bisher noch keine zufriedenstellende mechanische Lösung gefunden. Ein englischer Kleintraktor mit einem entsprechenden Ansauggerät, das an einen Staubsauger erinnert, soll hier gute Ergebnisse zeigen. Er muß aber noch einige Testläufe und Umbauten über sich ergehen lassen.

## Die Integration eines Neulings

Der größte Arbeitsaufwand entsteht oft dann, wenn ein „neues“ Pferd in die Gruppe eingewöhnt werden soll. Der bekannte Spruch „Viele Wege führen nach Rom!“ gilt auch in diesem Fall.

Da die Pferde nach der allgemeinen Begrüßung meist ganz schnell herausfinden wollen, wie „stark“ der Neue nun eigentlich ist, kommt es gewöhnlich bald zur Nagelprobe.

Um beim Eingewöhnen einen ruhigen Verlauf sicherzustellen, ist es natürlich am einfachsten, wenn man dem Neuen zunächst das schwächste Gruppenmitglied „vorsetzt“. Die Wahrscheinlichkeit, daß der Neue trotzdem Schwierigkeiten bekommen wird, ist dadurch sehr gering: Vermutlich werden sich die beiden gut verstehen. Zuvor muß der Neue natürlich gründlich mit den Örtlichkeiten der Begegnungsstätte vertraut gemacht worden sein.

Wenn bei diesem ersten Zusammenführen alles reibungslos klappte, bringt man am folgenden Tage das Pferd mit den beiden zusammen, das den nächstniederen Rang hat. Geht auch das gut, so setzt man das Spiel fort, bis der Neue schließlich vollständig in die komplette Gruppe integriert ist.

Das alles kann so einfach funktionieren, wie es hier ge-

schildert wurde – aber es kann auch deutlich komplizierter werden. Es läßt sich nie vorhersagen, wie eine solche Eingewöhnungsprozedur ablaufen wird. Daher braucht man sehr viel Erfahrung, um im entscheidenden Moment immer richtig reagieren zu können. Ich habe es allerdings noch nie erlebt, daß ein Pferd grundsätzlich in keine Gruppe aufgenommen werden konnte.
Trotzdem hört man immer wieder, daß das eine oder andere Pferd für eine Gruppenhaltung nicht geeignet sei. Hinterfragt man die Gründe genauer, so stellt sich stets heraus, daß in diesen Fällen zum Beispiel bereits nach wenigen Versuchen aufgegeben wurde oder daß grobe „technische" Fehler gemacht wurden. Oft konnte es der Besitzer nicht mit ansehen, wie „zerrupft" sein Liebling aussah, oder er konnte es nicht ertragen, zu bemerken, daß der „große Kerl" aus der Innenbox nun im Laufstall plötzlich nur noch ein „kleines Würstchen" war.

## Die Gruppengröße

Wie viele Pferde sollen denn nun in einer Gruppe gehalten werden?
In der Literatur wird immer wieder die Forderung aufgestellt, daß Gruppen von zwei bis acht Tieren gebildet werden sollen. Eine gerade Zahl sei auf jeden Fall wichtig, weil jedes Tier einen Freund haben sollte, und die kleine Gruppengröße würde dem Familien-Bestand in der Natur entsprechen.
Ich bin dagegen der Ansicht, daß in einer Gruppe so viele Pferde wie nur irgend möglich leben sollten – natürlich bei entsprechendem Platzangebot!
Erstens ist die Sache mit der Zweier-Freundschaft an sich in Ordnung, doch sie trifft eben in der Realität oft nicht zu. Manche Pferde mögen „alleine" sein oder können mit dem „zugeteilten" Partner nichts anfangen. Es kommt auch vor, daß sich beispielweise ein Wallach gleich um zwei Stuten „kümmert" – und so weiter ...
Zweitens ist es klar, daß es für das einzelne Pferd statistisch gesehen in einer kleinen Gruppe ganz eindeutig schwieriger ist, einen passenden Partner zu finden, als in einer großen Gruppe.

Ein Beispiel: Reagiert in einer kleinen Gruppe von zwei Pferden eines der Tiere aggressiv auf das andere, so wird man bei diesen beiden sicherlich nie eine Harmonie erzeugen können. Leben nun aber genau diese zwei Pferde in einer Gruppe von 20 Pferden, so muß sich der Stänkerer plötzlich mit 19 Artgenossen „herumschlagen" – was er sicher wegen „Arbeitsüberlastung" bald bleiben lassen wird. Außerdem hat er nun eine 18mal größere Chance, unter den 18 anderen Pferden doch eventuell einen Partner zu finden, der ihn „beruhigt" und zufriedenstellt!
Die tägliche Praxis zeigt es immer wieder: Je größer die Gruppe ist, um so einfacher ist sie zu managen und um so leichter kann man auch neue Pferde integrieren!

Überhaupt muß man bei der „natürlichen", artgerechten Pferdehaltung ständig mit Überraschungen rechnen, die man „nie" erwartet hätte. Schließlich sind die Pferde sehr einfallsreich! Starre Methoden werden meist nicht den gewünschten Effekt erzielen, sondern oft sogar das Gegenteil bewirken. Gefragt ist also Beweglichkeit – in jeder Hinsicht ...

*Wer Pferde „natürlich" hält, der muß ständig mit Überraschungen rechnen. Beweglichkeit ist gefragt ...*

# Anhang

## „Gut Wildschwaige 2000“

Als Pächter von Gut Wildschwaige, einem ehemaligen Versuchsgut für Rinder- und Schweinehaltung der Universität München, betreibe ich die Pferdehaltung seit 1983 in etwa so, wie ich sie mir als artgerecht vorstelle.
In der Anfangszeit war dies gar nicht so leicht, denn das allgemeine Wissen rund um die Pferde befand sich ja noch lange nicht auf dem heutigen Niveau. Hinzu kam, daß die zahllosen Neuentwicklungen und Umbauten sehr viel Kapital verschlangen, das alleine aus dem Pachtbetrieb nicht zu erwirtschaften war.
Gleich zu Beginn unserer Bemühungen stand fest, daß Gut Wildschwaige für alle Interessenten „offen“ sein sollte – wollten wir doch unsere Erfahrungen zum Wohle der Pferde an möglichst viele Pferdefreunde weitergeben. Deshalb wird auf Gut Wildschwaige auch regelmäßig der „Tag des Laufstalles“ abgehalten.
Einige Jahre später hatten die Vorbereitungen und auch das Interesse an der artgerechten Pferdehaltung einen immer größeren Umfang angenommen, und das finanzielle Risiko wurde für mich als Privatperson schier untragbar. Daher gründete eine Handvoll Pferdefreunde die *Laufstall-Arbeits-Gemeinschaft e.V. (LAG)* – mit dem Ziel, zukünftig die Aktivitäten für die Verbesserung der Pferdehaltung breiter und noch erfolgreicher anzulegen. Gut Wildschwaige war damit die Keimzelle und der Motor für die LAG und ihre mittlerweile sehr beachtlichen Erfolge.
Gut Wildschwaige wird zwar als Pferdepensions-Betrieb geführt, hat aber den Charakter einer Versuchs- und Lehranlage mit einem einfachen, aber zweckdienlichen Schulungsraum. Hier kann man sich viele praktische Anregungen für seine eigene Pferdehaltung zu Hause holen. Nicht umsonst haben auch viele Studenten und Meisteranwärter unseren Betrieb für ihre Abschlußarbeiten herangezogen, weil hier an einem Ort ein breites Wissen geboten wird.
Für seine vorbildliche Haltung und seine innovativen Ent-

wicklungen wurde Gut Wildschwaige zweimal vom Bundesministerium für Ernährung, Landwirtschaft und Forsten ausgezeichnet, und im Herbst 1995 verlieh die LAG der Pferdehaltung fünf LAG-Stall-Sterne als höchste Auszeichnung.

## Ein Musterbetrieb

Wie schon erwähnt, ist Gut Wildschwaige ein Pachtbetrieb. Schon alleine dadurch sind eventuell notwendige Veränderungen und Umbauten schwer umzusetzen. Auch konnten aus finanziellen Gründen immer nur gerade die notwendigsten Dinge geschaffen oder umgestaltet werden.

Zunächst waren also Funktionstüchtigkeit und Pferdefreundlichkeit sowie größte Sparsamkeit gefragt, das äußere Erscheinungsbild mußte Nebensache bleiben. Und genau dieser Punkt muß nun meiner Ansicht nach in absehbarer Zukunft unbedingt geändert werden. Denn: Nicht nur der Verstand entscheidet, sondern auch das Auge!

Die „natürliche“, artgerechte Pferdehaltung braucht einen „Vorzeige-Musterbetrieb“, der allen Besuchern folgendes bietet:

- Alle möglichen Haltungs-Systeme sollen aufgezeigt beziehungsweise vorgeführt werden können – also Einzel- und Gruppenhaltung für kleine, aber auch für große Bestände, für private, aber auch für landwirtschaftliche oder gewerbliche Haltungen.
- Es sollen allgemeine Informationen und Bezugsquellen-Nachweise für die unterschiedlichsten Produkte ausgegeben und auch erläutert werden.
- Interessenten sollen theoretisch, aber auch praktisch in die moderne, artgerechte Haltung eingeführt und darin geschult werden.
- Es soll deutlich in der Praxis demonstriert werden, daß alle artgerechten Haltungs-Systeme durchaus – salopp ausgedrückt – auch in normaler Straßenkleidung ohne Schaden aufgesucht werden können. Und zwar bei jedem Wetter und in allen Jahreszeiten, ohne daß man unbedingt vorher in Gummistiefel und Overall schlüpfen muß.

Die „Keimzelle“ Gut Wildschwaige ist für derartige Zukunftsaufgaben bestens geeignet, und so wurde das Konzept „Gut Wildschwaige 2000“ entwickelt. Ein einmaliges Projekt, das natürlich viel Geld kostet und für das die notwendigen Finanziers zunächst einmal gefunden und begeistert werden müssen.

## Die Laufstall-Arbeits-Gemeinschaft

Die Laufstall-Arbeits-Gemeinschaft e.V. (LAG) ist 1989 gegründet worden. Mittlerweile hat sie über 700 Mitglieder in sechs verschiedenen Ländern Europas. Ziel und Zweck des Vereins ist laut Satzung unter anderem:

- die Förderung der artgerechten Pferdehaltung und
- die Unterstützung der Mitglieder bei der Erstellung und Ausgestaltung entsprechender Stallungen.
- Die LAG verfolgt selbstlos, ausschließlich und unmittelbar gemeinnützige Zwecke.
- Alle Vereinstätigkeiten werden von den Mitgliedern ehrenamtlich ausgeführt. Seit September 1996 ist zweimal wöchentlich eine Bürokraft für die LAG tätig.

*Dieses Schild gibt Gewißheit: Hier werden die Pferde „natürlich“ und artgerecht gehalten. Da es aber immer qualitativ unterschiedliche Haltungen geben wird, wird die Qualität durch die gelben „Stall-Sterne“ angezeigt. Je mehr Sterne, desto besser für die Pferde. Abgenommen wird die Pferdehaltung mindestens alle zwei Jahre, wobei laufend Stichproben erfolgen können.*

## Einige Aktivitäten der LAG

1991 „Tag des Laufstalles“ erstmalig abgehalten. Die LAG-Nachrichten erscheinen erstmals.

1992 1. Sonderschau „Artgerechte, moderne Pferdehaltung“, erstmals Plakette „Anerkannter LAG Stall“ verliehen. 1. LAG-Stall-Wettbewerb gestartet, erste LAG-Inspekteure ausgebildet.

1993 1. „Pferde-Hotel-Führer“ herausgebracht, Pferdehaltungs-Seminare zusammen mit der „Akademie für artgerechte Pferdehaltung und Reitausbildung“ durchgeführt.

1995 LAG-Stall-Sterne für Qualität in der Pferdehaltung herausgebracht. LAG-Stall-Zeichen für eindeutige Kennzeichnung entwickelt. Kostenlose Basis-Beratung am Stall eingeführt.

1996 LAG-„Blau-Jacken“ für Inspekteure eingeführt, 3. Internationaler LAG-Stall-Wettbewerb mit 265 Teilnehmern.

# GUT WILDSCHWAIGE 2000

## Eine pferdefreundliche Idee setzt sich durch

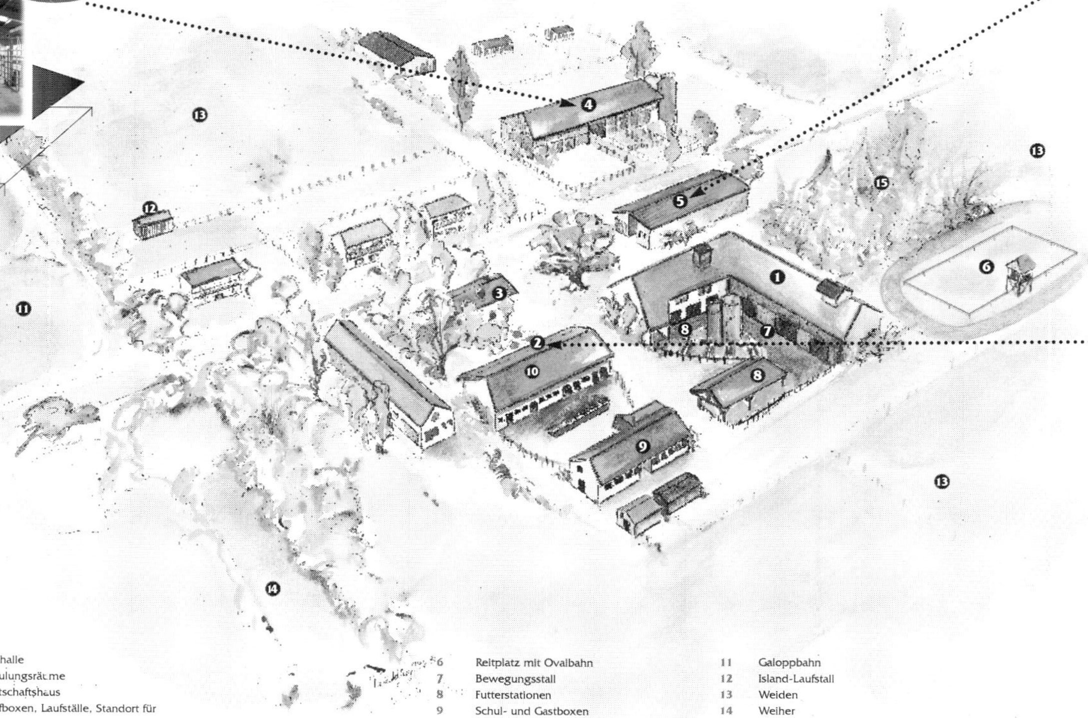

### Neue Erlebnis-Reithalle

- offene Bauweise
- Reiter und Pferd fühlen sich frei
- 30x60m überdachtes Reitviereck
- Windnetze und geschwungene Erdwälle zur Windabweisung
- viel Tageslicht und ständig frische Luft

Ein weiterer Schritt in der artgerechten Pferdehaltung.

### Ausstellungs- und Informationszentrum

- ehemalige Kartoffelscheune, optimal zum Umbau in ein Informationszentrum für artgerechte Pferdehaltung geeignet.
- Ausstellung modernster Anlagen
- Info-Veranstaltungen, Schulungen und Führungen

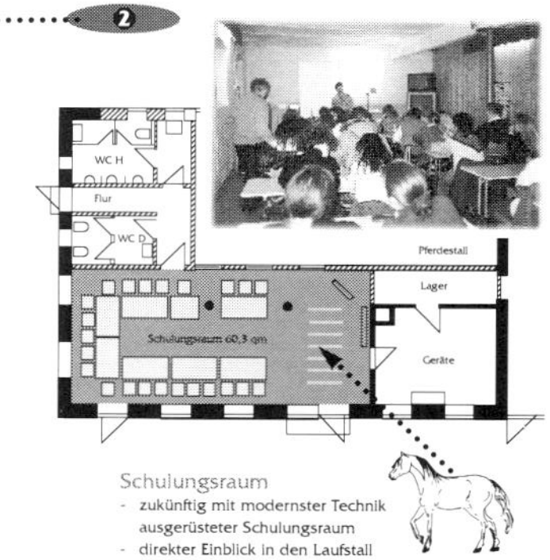


### Schulungsraum

- zukünftig mit modernster Technik ausgerüsteter Schulungsraum
- direkter Einblick in den Laufstall
- Pferde können problemlos in den Raum geführt werden
- eigene Sanitäre Anlagen und Infrastruktur

**Legende**

| | | | | | |
|---|---|---|---|---|---|
| 1 | Reithalle | 6 | Reitplatz mit Ovalbahn | 11 | Galoppbahn |
| 2 | Schulungsräume | 7 | Bewegungsstall | 12 | Island-Laufstall |
| 3 | Wirtschaftshaus | 8 | Futterstationen | 13 | Weiden |
| 4 | Laufboxen, Laufställe, Standort für geplante neue Reithalle mit Pferdehaltung | 9 | Schul- und Gastboxen | 14 | Weiher |
| 5 | Kartoffelscheune, geplante Ausstellungshalle | 10 | Laufstall | 15 | Trail-Wald |

Laufende Leistungen der LAG: günstige Haftpflicht-Versicherungsangebote, juristische Telefonberatung, individuelle Stallberatung und so weiter.

Die LAG ist die einzige Organisation, die sich satzungsgemäß schon seit Jahren um die Pferdehaltung bemüht. Die Deutsche Reiterliche Vereinigung (FN) möchte nun nachziehen und will daher ihre Satzung ändern, die sie bisher nur als reine Reiter-Vertreterin ausweist. Von der FN soll ein Programm entwickelt werden, das eine exakte Kopie der LAG-Aktivitäten ist. Die LAG bot der FN schon vor Jahren und auch jetzt wieder ihre Unterstützung an, wurde aber stets diplomatisch „vertröstet“ – um nicht zu sagen mißachtet ...

Die LAG hat mit ihrem Programm Interessenten und Besucher aus aller Welt angelockt, doch noch kein einziger Vertreter der FN hat sich die möglichen Haltungs-Systeme auf Gut Wildschwaige angesehen geschweige denn Gespräche geführt.

Sehr schade, denn für das Pferd hätten sich sonst vielleicht schon viel früher Vorteile ergeben! Außerdem muß – besonders in der heutigen, schwierigen Zeit – das Rad ja nicht unbedingt ein zweites Mal erfunden werden ...

## „Michelin des Pferdestalles“

Der LAG-Vorstand hat sich, wie auf der Hauptversammlung 1996 erläutert, für die nächste Amtsperiode folgende Hauptziele gesetzt:

- die 1000-Mitglieder-Grenze zu überschreiten,
- ein Haltungs-Systeme-Zentrum zu schaffen, das „alles“ zeigt und lehrt,
- das Image der „artgerechten“ Pferdehaltung zu verbessern (Qualität muß ihren Preis haben und ihn auch bekommen!) und
- den beschlossenen „Förder-Beirat“, in dem alle Sponsoren der LAG verteten sind, zu noch stärkeren Aktivitäten anzuregen.

Werden auch Sie Mitglied der LAG! Wir brauchen Sie, damit es den Pferden schnell immer besser geht! Ganz hinten in diesem Buch finden Sie einen Vordruck, mit dem Sie der LAG einfach und sofort beitreten können.

**Die Anschrift der Laufstall-Arbeits-Gemeinschaft:**
Ferstlstraße 15
D - 85445 Oberding

**Der Vorstand:**
1. Vorsitzender: Hanns Ullstein jun.
2. Vorsitzende: Klara Höchtl
Schriftführerin: Heide Göttner
Kassenwartin: Silvia Strauch

# Schlußwort

Als ich gefragt wurde, ob ich nicht ein Buch über die „natürliche" Pferdehaltung schreiben wollte, schlug ich vor, mein bereits existierendes Handbuch fortzusetzen und es professionell zu gestalten. Der Verlag hatte erhebliche Bedenken, und so wurde mir nach vielen Überlegungen klargemacht, daß ich nur ein Buchprojekt in der vorliegenden Form realisieren könne.

Im nachhinein bin ich sehr froh darüber, daß man mich umstimmte! Ich möchte mich beim Müller Rüschlikon Verlag hiermit ausdrücklich für das entgegengebrachte Verständnis und die stete Unterstützung bedanken.

Übrigens: Mein „geliebtes" Handbuch, das ja bereits mehrfach erwähnt wurde, muß aus verschiedenen Gründen parallel zu diesem Buch erscheinen:

1. Es sollte immer aktuell sein, was durch die Form einer Loseblattsammlung ermöglicht wird.

2. Es bringt ständig aktualisierte Produkt-Quellenangaben.

3. Es beinhaltet sehr viele technische Zahlen, Zeichnungen, Vorschläge und so weiter, die zwar sehr interessant sind – aber immer nur für denjenigen, der sie gerade braucht. Es ist ein „Arbeits-Buch" zum Nachschlagen.

Sehr oft werde ich gefragt, warum ich mich eigentlich so intensiv mit der Verbesserung der Pferdehaltung beschäftige. Schon bei der Fragestellung hört man dann meistens einen mißtrauischen Ton heraus („Na, der wird dabei schon ganz schön Kohle machen ... "). Oder ich merke deutlich, daß der Fragesteller mich gerade in die Schublade „Spinner" eingeordnet hat.

Wie das mit der „Kohle" läuft, weiß ich genau, denn ich habe mit meinen Ideen zur Verbesserung der Pferdehaltung bis jetzt noch keine müde Mark verdient. Auch ist mir klar, daß ich in unserer erfolgsorientierten Welt gerade

deswegen für die meisten Mitmenschen der Versager beziehungsweise Schwächling schlechthin bin. („Wie kann man denn nur so blöööde sein ... !“) Auf der anderen Seite brachte dies aber den großen und sehr beruhigenden Vorteil mit sich, daß ich dadurch meine Ziele praktisch völlig unabhängig verfolgen konnte: Kein „Auftraggeber“ konnte mir mein Handeln „diktieren“! Außerdem meine ich, mit dieser übernommenen Aufgabe etwas wirklich Sinnvolles zu tun. Bei allem Ärger, Streß und Verdruß macht es doch innerlich glücklich.
Ob das mit dem „Spinner“ stimmt, weiß ich allerdings nicht so genau. Ist meine Vision oder mein Wunsch, daß in absehbarer Zeit kein Mensch mehr eine Innenbox für Pferde bauen wird, weil niemand sie nutzen will, wirklich so spleenig oder verrückt? Ich kann diese Frage nicht beantworten – höchstens Sie ...
Sie, die Pferdeliebhaber, die vielleicht schon wußten oder durch dieses Buch erfahren haben, daß ...

- ... „unsere“ Pferde im Durchschnitt keine zehn Jahre alt werden. Auf den Menschen umgerechnet, würde das bedeuten, daß wir nur maximal 25 Jahre alt werden würden. Welche Vorstellung!

- ... „unsere“ Pferde zu über 60 Prozent atemorgangeschädigt sind.

Diese fatalen Zustände können wir sofort beseitigen, wenn wir nur die uns bekannten, gesunden Haltungs-Systeme für „unsere“ Pferde wählen. Ist das wirklich eine verrückte Idee?
Wie gesagt, nur Sie können die Antwort darauf geben – so oder so! Doch ich bitte Sie ganz herzlich, sich „so“ zu entscheiden ...
Da die Pferde sich ja nicht selbst helfen können, sondern von unserem Tun – auf Gedeih und Verderb – abhängig sind, müssen wir „es“ alle gemeisam schaffen!
Danke!

*Hanns Ullstein jun., im Herbst 1996*

# Sachregister

# Literaturverzeichnis


BML, Referat Tierschutz: Leitlinien zur Beurteilung von Pferdehaltungen ... , 1995

Engelmann, Uta: Welche Haltung für mein Pferd?, Franckh Kosmos Verlag 1994

Marten, Jens/Salewski, Armin: Handbuch der modernen Pferdehaltung, Franckh Kosmos Verlag 1989

Meyer, Helmut: Pferdefütterung, Paul Parey Verlag 1995

Pirkelmann, Heinrich, Pferdehaltung, Eugen Ulmer Verlag 1991

Strauch, Silvia Christine, So wollen Pferde leben, so sollen Pferde leben, Beate Danker Verlag 1995

Wackenhut, Kirsten Silke, Untersuchungen zur Haltung von Hochleistungssportpferden, Dissertation 1994

# Bildnachweis

Die Fotos in diesem Buch stammen von folgenden FotografInnen:

Klara Höchtl: S. 70 unten;
Lothar Lenz: S. 18/19, 153;
Carola Nowak: S. 121 unten;
Sorrel: S. 10/11, 21, 29 oben, 30, 38/39, 84 unten;
Sabine Stuewer: S. 23, 25, 124/125;
Hanns Ullstein jun.: S. 13, 15, 17 rechts, 22, 27, 28, 29 unten, 31, 32 (4), 33, 34 (2), 35, 41, 42, 45 (2), 47, 50, 51 (2), 52/53, 55, 57, 63, 68, 69, 70 oben, 71 (2), 72, 73, 74 (2), 75, 76 (2), 77, 80 (3), 81 (3), 82, 83 (2), 84 oben, 85 (2), 86, 87, 90/91 (2), 92, 93, 94 (2), 95, 96, 97 (2), 98 (2), 99, 100 (2), 102, 103, 104, 106 (4), 108/109, 111, 113, 114, 116 (3), 117, 118 (3), 119 (2), 120 (2), 121 oben, 122 (2), 123 (2), 128, 129, 131 (3), 132, 133, 134 (2), 135 (2), 138, 140 (2), 141 (2), 142/143, 145, 148 (2), 150;
Gertraud Walz: S. 17 links, 79 (2).

Die Grafik auf Seite 157 wurde uns freundlicherweise von „Die Werbe Werkstatt" zur Verfügung gestellt, alle anderen Grafiken stammen von Hanns Ullstein jun.

Hier abschneiden, ausfüllen, gleich ins Fensterkuvert stecken und absenden. Danke!

An die
LAG e.V.
Ferstlstraße 15

D – 85445 Oberding

## Beitrittserklärung

Hiermit erkläre ich meinen Beitritt in die Laufstall-Arbeits-Gemeinschaft e.V. (LAG). Die Satzung wird mir auf Verlangen zugesandt. Ich kann dann innerhalb von 14 Tagen nach Erhalt der Satzung Widerspruch erheben. Sonst bin ich damit einverstanden.

Vorname ______________ Nachname ______________

Straße, Hausnummer ______________

PLZ, Ort ______________

Der Jahresbeitrag kann von meinem nachfolgenden Konto, jederzeit widerruflich, abgebucht werden.

Bank ______________

BLZ ______________ Konto-Nr. ______________

Diese Daten dürfen in der LAG-EDV gespeichert werden.

______________ , den ______________

Ort Datum Unterschrift

Geworben durch LAG-Mitglied: ______________